Couverture inférieure manquante

Dom F. PLAINE

SAINT SALOMON

ROI DE BRETAGNE ET MARTYR

25 Juin 874

VANNES
LIBRAIRIE LAFOLYE

1895

SAINT SALOMON

ROI DE BRETAGNE ET MARTYR

Dom F. PLAINE

SAINT SALOMON

ROI DE BRETAGNE ET MARTYR

25 Juin 874

VANNES

LIBRAIRIE LAFOLYE

—

1895

SAINT SALOMON

ROI DE BRETAGNE ET MARTYR

25 Juin 874

DÉBUT.

§ 1 La Bretagne n'a eu qu'un roi du nom de Salomon. — § 2. Jeunesse de Salomon jusqu'à son avènement à la couronne. — § 3. Rapports de Salomon avec Charles le Chauve et les princes Francs. — § 4. Ses victoires sur les Normands. — § 5. La double question religieuse qu'il eut à traiter. 1° Celle des évêques déposés par Nominoé. 2° Celle des titres de Dol à devenir métropole. — § 6. Fondations pieuses du roi Salomon. — § 7. Sa munificence envers les églises et les monastères. — § 8. Martyre de saint Salomon. — § 9. Culte ancien et actuel de saint Salomon.

Appendice. — Ancienne légende liturgique de saint Salomon. — Texte latin avec annotations et éclaircissements.

La première lignée des rois particuliers de la Bretagne continentale avait donné à l'Eglise et au ciel de glorieux martyrs et des confesseurs non moins illustres dans la personne des Trémeur et des Méloir, des Judicaël et des Josse pour me borner à ces noms.

La seconde lignée de ces mêmes rois, celle qui commence à Nominoé, n'a point non plus été privée de cet éclat et de cette gloire. Le troisième de ces rois, Salomon, ne fut pas seulement en ses jours le marteau des Normands et l'un des principaux guerriers du IX° siècle[1], il gouverna encore son peuple au nom de la religion et souffrit une mort cruelle en haine du zèle, qu'il déployait pour venger les droits de l'Église, et cicatriser les plaies faites à son peuple par un commencement de schisme. De là la vénération religieuse, qui resta attachée à son nom. Ce fut à titre d'héritier direct par les femmes de Salomon que Conan le Tort, comte de Rennes, réussit dans la seconde moitié du X° siècle à faire reconnaître son autorité sur toute la Bretagne, et par là à mettre fin momentanément à l'anarchie féodale[2].

La mémoire de ce roi-martyr n'a pas été, il est vrai, à l'abri de toute attaque et de toute condamnation. Mais ces attaques et ces condamnations ne sont ni fondées sur la vérité des faits, ni conformes à la justice. Nous le montrerons facilement dans le cours de notre récit biographique, au fur et à mesure que l'occasion s'en présentera. Mais, avant de l'aborder, nous nous demanderons si la Bretagne avait déjà vu à sa tête avant le IX° siècle quelque autre roi du nom de Salomon. Car l'opinion, qui tient pour l'affirmative, a parfois rencontré par le passé tant de faveur qu'elle avait fini par se glisser jusque dans un *un Propre diocésain*[3].

§ 1. — La Bretagne a-t-elle eu plusieurs rois du nom de Salomon.

Le décret de Gratien ou CORPUS JURIS CANONICI, qui nous offre tant de renseignements parfois à moitié énigmatiques, mais souvent aussi d'un intérêt considérable pour l'his-

---

[1] Il figure à ce double titre dans la *Chanson de Geste des Saines* ou *Saxons* (XV° siècle). Voir à ce sujet un travail intéressant de M. A. de la Borderie (*Revue de Bretagne*, n° de juillet 1892).

[2] *Preuves de Bretagne*, t. I, col. 31.

[3] Il s'agit du *Proprium Venetense*, année 1670. Celui de 1875 a par bonheur supprimé cette erreur.

toire et la discipline, renferme en particulier le titre suivant, qui, mal interprété a donné naissance à la fable des trois prétendus rois de Bretagne du nom de Salomon.

Le voici intégralement reproduit, et fidèlement traduit :

« Joannes papa, Salomoni tertio et ultimo Regi Britonum[1]. Le Pape Jean (VIII) à Salomon troisième et dernier roi des Bretons. »

Le nom de JOANNES PAPA, placé ici, est fautif. Il faut dire *Nicolaus Papa*, car l'extrait, qui suit, est emprunté littéralement à une lettre de saint Nicolas, au roi Salomon, dont nous nous occupons en ce moment[2]. Mais ce n'est pas tout. Il y a une autre erreur, qu'on a entée sur le chiffre *tertio* qui suit le nom même de Salomon. Ce chiffre n'avait rien en soi que d'exact, car Salomon régnait en réalité après Nominoé et Erispoé sur un royaume, qui avait eu pour fondateur le premier de ces princes. Il était donc à cet égard le troisième roi de Bretagne.

Les derniers mots: *Et ultimo Regi Britonum*, ne renfermaient non plus qu'une assertion pleinement admissible, puisque Charles le Chauve prit justement occasion du meurtre du roi Salomon pour retirer aux Bretons le titre royal qui leur avait été précédemment concédé ou confirmé à diverses reprises[3].

Ce sont les partisans de la royauté conanienne qui ont détourné de son vrai sens l'expression *Salomoni tertio*, en prétendant que notre Salomon était le troisième de son nom, qui avait régné sur la Bretagne. On devine avec quelle facilité ces mêmes auteurs, par trop amis des fables, se sont ingéniés ensuite à imaginer deux rois bretons du nom de Salomon antérieurs au neuvième siècle, et à leur trouver place dans leur

---

[1] *Decreti secunda pars, causa tertia, quæstio sexta, Can. 10 : Hæc quippe.*
[2] *Preuves de Bretagne*, t. 1, col. 316.
[3] *Capitularia Caroli Calvi*, année 877. = Qualiter regnum, quod necessitate Britonibus quondam juramento confirmatum fuerat, quia de illis, quibus firmatum est, nullus superstes est, à fidelibus nostris recipiatur. — *Dom Bouquet*, t. VII, p. 703, n° 23.

série des rois conaniens. Salomon Ier aurait régné d'après eux de 421 à 434, et Salomon II de 627 à 630[1]. Pour son malheur cette création est purement fantaisiste. Au lieu de reposer sur le moindre document, ou le moindre témoignage anciens, dignes d'être pris en considération, elle a pour unique point de départ la prétendue conquête à main armée de l'Armorique par un des lieutenants du tyran Maxime. Or cette prétendue conquête et le prétendu établissement d'une royauté conanienne, qui en aurait été la conséquence, sont deux fables absolument indignes de créance. Pour s'en convaincre il suffit de se rappeler que Théodose le Grand donnait alors des lois à tout l'Empire romain, et ne souffrait pas à bon droit qu'on méprisât impunément son autorité. Ce qui nous paraît la vérité, c'est que la colonisation de l'Armorique par les Bretons insulaires doit remonter en réalité au même règne de Théodose. Seulement elle s'accomplit pacifiquement non à main armée, elle s'accomplit au nom et sous le contrôle des magistrats romains, non contre leur gré et en dépit de leurs ordres. C'est la confusion entre ces deux manières différentes d'expliquer le même fait, qui a donné naissance à la fable de la royauté conanienne. Il y aura lieu de revenir quelque jour plus au long sur un événement historique de cette importance et trop longtemps méconnu. Mais pour aujourd'hui il doit nous suffire d'avoir établi brièvement : 1° que les prétendus Salomon Ier et Salomon II sont des personnages purement fabuleux ; 2° que le successeur d'Erispoé est sans conteste le premier roi du nom de Salomon, qui ait régné sur la Bretagne. Ce point ainsi éclairci, nous arrivons à la biographie même de ce prince. Nous ferons connaître en premier lieu ce qu'on sait sur lui avant son avènement à la couronne.

[1] Gallet : *Mémoires sur l'histoire de Bretagne* (Dom Morice, *Histoire*, t. I, p. 788, 813 et ailleurs).

§ 2. — Jeunesse de Salomon jusqu'à son avènement à la couronne (819 ?-857).

Les renseignements authentiques sur le second successeur de Nominoé sont peu abondants et peu circonstanciés. Mais néanmoins ils nous mettent à même de déterminer au moins approximativement quelques dates et quelques événements marquants de sa biographie.

Ainsi d'abord en fixant la naissance de Salomon aux années 810-820, nous ne devons pas nous écarter de la vérité, puisque en 801 ce prince avait déjà un fils en âge d'apposer sa signature à un acte public[1]. Il eut pour père Rivallon, comte du Poher[2]. Ce Rivallon était lui-même frère aîné du roi Nominoé et descendait des anciens rois de Domnonée sans doute par les femmes et par quelqu'une des sœurs de saint Judicael tandis que du côté paternel il devait se rattacher au comte Commore si tristement célèbre dans les actes de saint Gildas[3].

Commore passe en effet, pour avoir été le premier comte de Poher, mais la filiation de ces seigneurs laisse beaucoup à désirer jusqu'au IX° siècle. Quant à Rivallon, le père du roi Salomon, il vivait encore en 840[4]. Toutefois il ne paraît pas avoir veillé personnellement à l'éducation de son fils. Il a dû se décharger de ce soin sur son frère puîné. C'est Salomon lui-même qui s'est plu à nous révéler cette particularité de sa jeunesse en témoignage de sa reconnaissance pour celui qui avait de fait présidé à son éducation[5].

---

[1] *Preuves de Bretagne*, t. 1, col. 314. — Diplôme en faveur de l'abbaye de Prüm près Trèves.

[2] *Preuves de Bretagne*, t. 1, col. 3 *Cartulaire de Redon*, édition Courson, p. 85, n° 107.

[3] Cette tradition se trouve consignée dans la légende liturgique que nous reproduisons plus bas. Baudry de Dol l'inscrivit au XII° siècle dans sa chronique encore inédite des évêques de Dol. Nous le disons d'après Gallet (livre cité, p. 961).

[4] *Cartulaire de Redon*, p. 85.

[5] *Ibid.*, p. 30. « Nous faisons ces largesses aux églises, et aux monastères, nous dit Salomon, en faveur de l'âme de Nominoé, qui a été notre *Père nourricier*. »

On devine maintenant sans peine que cette éducation ne dût rien laisser à désirer au moins au point de vue politique et militaire, si l'on considère que Nominoé prenait soin simultanément de l'instruction de son propre fils Erispoé, si l'on considère que les deux cousins recevaient journellement les mêmes leçons, partageaient journellement les mêmes exercices. Ne sait-on pas, en effet, que le restaurateur de l'indépendance bretonne au IX° siècle fit preuve en toute circonstance d'une habileté politique consommée, et déploya également tant de courage et de ressources sur le champ de bataille qu'il triompha des princes francs avec des forces bien inférieures et les contraignit à lui céder ce qu'il revendiquait?

On peut affirmer semblablement que Salomon et Erispoé surent mettre à profit les enseignements qui leur étaient donnés, et ne tardèrent pas à donner des preuves authentiques de leurs progrès principalement dans l'art militaire. Ce qui tend à le prouver pour Erispoé, c'est que dès 843 son père se déchargeait parfois sur lui du soin de commander les armées bretonnes[1]. Salomon, de son côté, ne put manquer de prendre une part active et glorieuse aux guerres qu'avaient à soutenir ses compatriotes contre les princes Carlovingiens et contre les hordes normandes : nous en avons pour garantie le courage et l'habileté dont il fit preuve plus tard en tant de rencontres. Mais on ignore cependant dans le détail par quelles actions d'éclat il put se signaler, son nom ne figurant du vivant de Nominoé sur aucune chronique dans aucun document officiel.

Il dut, croit-on, se marier vers 840-845 car, nous l'avons déjà dit, dès 861 son fils aîné Rivallon était en âge de signer dans les actes publics[2]. Winbrit, à laquelle Salomon s'unit, était Bretonne d'origine, de noble lignage, aussi pieuse que charitable et compatissante aux maux d'autrui. Elle mourut

---

[1] *Preuves de Bretagne*, t. I, p. 279.
[2] *Ibid.*, p. 314, diplôme en faveur de l'abbaye de Prüm.

avant son mari comme nous le dirons ailleurs, mais après lui avoir donné au moins deux fils, Riwallon que nous venons de nommer et qui mourut lui aussi avant Salomon, et Wigon, qui aurait dû succéder à son père, si les meurtriers de celui-ci n'avaient eu la cruauté d'égorger en même temps le fils. Winbrit fut aussi mère d'une fille nommée Prostlon. Celle-ci donna sa main à Pasquiten, comte de Vannes.

La mort de Nominoé (mars 851, qui appela Erispoé à ceindre à son tour la couronne, ne changea rien extérieurement à la haute position qu'occupait Salomon à la cour de Bretagne. Car le nouveau roi, loin de se douter qu'il avait auprès de lui un rival dangereux dans la personne de son cousin, se plut au contraire à l'associer en quelque sorte à son autorité et en vint jusqu'à ne rien faire sans le consulter et sans avoir obtenu en quelque sorte son assentiment[1].

La confiance du monarque alla si loin, paraît-il, qu'il ne vit aucun inconvénient à ce que Salomon d'un côté s'engageât privativement vis-à-vis de Charles le Chauve par promesse de fidélité et réclamât d'un autre côté pour sa part personnelle le tiers de la Bretagne[2].

Cependant Salomon ouvrait encore son cœur à d'autres désirs d'ambition, et ne songeait à rien moins qu'à s'emparer de la couronne même de Bretagne. Il y était poussé, croit-on, par de perfides conseillers, qui, pour légitimer ses prétentions à cet égard, se plaisaient à lui rappeler que son père était l'aîné de Nominoé. Les choses en étaient là lorsqu'Erispoé s'aliéna beaucoup de bretons, en concluant avec Charles le Chauve le traité d'Angers (année 850).

[1] Communi consilio et assensu Salomonis consobrini, *Cartulaire de Redon*, p. 366 et ailleurs.
[2] Voir la *Chronique officielle de la cour de France*, année 853. Dom Bouquet, t. VII, p. 68. Ce sont les annales appelées improprement *Bertiniani*. A cette date elles avaient pour rédacteur saint Prudent, évêque de Troyes. Pertz en a donné une nouvelle édition (*Monumenta historica Germaniæ*, t. I, que Migne a reproduite dans son (t. CXV), de la *Patrologie latine* : mais les textes que nous citons ne diffèrent presque en rien dans les deux éditions de dom Bouquet et de Pertz.

Ce traité honorable pour la Bretagne et son roi, puisqu'en vertu des conventions, qui y furent stipulées de part et d'autre, Erispoé était confirmé dans sa dignité royale et dans la paisible possession tant du pays breton proprement dit, que de Rennes, de Nantes et des autres conquêtes de Nominoé[1], n'en déplut pas moins à beaucoup de Bretons parce que Erispoé s'engageait en retour à donner la main de sa fille au fils aîné de Charles le Chauve[2]. Car ce projet de mariage fut mal accueilli en Bretagne. On crut à tort ou à raison, qu'il avait pour but de réaliser six siècles à l'avance ce qui se fit à la fin du quinzième siècle par un mariage du même genre, c'est-à-dire, l'absorption de la Bretagne par la France, et l'anéantissement de l'indépendance, qu'on venait de conquérir au prix de tant de sacrifices. De là des mécontentements et des murmures plus ou moins généraux. Salomon en profita habilement pour se créer un parti, et pour ourdir une conspiration contre celui qui occupait le trône de Bretagne. Ses affidés, en tête desquels on comptait un Franc du nom d'Almarus[3], ne réussirent que trop bien dans leur perfide dessein et plongèrent leur poignard dans le sein du roi Erispoé (juillet 857[4]). Ils l'égorgèrent au pied même des autels où le malheureux roi avait cherché un refuge[5].

Salomon n'en fut pas moins acclamé comme roi de Bretagne sans résistance ou du moins, s'il se produisit çà et là quelques commencement de révolte, le neveu de Nominoé réussit assez facilement à les réprimer.

---

[1] *Annales* citées, année 850. — Dom Bouquet t. 7 p. 71. Le *pagus redonicus* et le *pagus nannelicus* n'avaient point été colonisés par les Bretons d'au delà de l'Océan.

[2] *Ibidem.*

[3] *Ibidem*, p. 72.

[4] Le meurtre paraît postérieur au 8 juillet 857 d'après le *Cartulaire de Redon* (p. 22) et antérieur au 26 du même mois et de la même année, *Ibid.* p. 23.

[5] *Chronique officielle* déjà citée. — Dom Bouquet, t. vii, p. 72. D'après une tradition locale, le crime aurait été commis à Talensac (Ille-et-Vilaine). — *Pouillé de Rennes*, t. vi, p. 350.

Salomon semblait d'ailleurs, au dire des contemporains, prédestiné à l'honneur de la royauté par ses talents militaires et par un rare ensemble des plus belles qualités[1]. Il sut tenir d'une main ferme les rênes du gouvernement, repousser les ennemis extérieurs, et étendre à certains égards les limites de son royaume. Sous lui la Bretagne s'éleva, ce semble, à un degré de puissance et de considération, dont elle n'avait guère joui dans le passé que du vivant de Nominoé, et qu'elle ne devait plus atteindre dans la suite des âges.

Le nouveau roi tint avant tout à régner au nom de Dieu et de la religion. Il couvrit de la protection la plus efficace les églises et les monastères et se plut à les combler des marques de sa libéralité. Il déploya aussi une vraie magnificence dans ses fondations pieuses, et ne négligea rien pour étouffer des germes de discorde religieuse et de division que Nominoé avait laissés dans le pays par l'audace de ses entreprises à moitié schismatiques. Il sera nécessaire d'entrer sur tout cela dans quelques développements. Mais comme notre roi breton paraît avoir attendu l'avènement de saint Nicolas (avril 858) à la chaire de Saint-Pierre pour entamer la question religieuse, nous commencerons nous-même par faire connaître dans leur ensemble quels sont les incidents politiques et militaires qui ont rempli le règne de Salomon. Nous rechercherons en premier lieu ce que furent les rapports, qu'il entretint avec Charles le Chauve et les princes francs.

§ 3. — **Rapports de Salomon de Bretagne avec Charles le Chauve et les seigneurs Francs.**

La situation politique et militaire de la Bretagne laissait à désirer sur plus d'un point lors de l'avènement de Salomon à

---

[1] Salomon vir strenuus et bellicosus tam formâ quam animo ad gubernandum aptus. — Regino Prumiensis. — *Chronica*, anno 866. — *Patrologie latine*, t. 132, p. 93.

la couronne. Les Normands occupaient une partie du pays et entre autres les villes de Nantes et de Vannes[1]. D'un autre côté Charles le Chauve, que le meurtre d'Erispoé mécontentait au plus haut point, songeait à profiter de l'occasion pour entrer une nouvelle fois en Bretagne et ravir à ce pays le privilège de l'indépendance politique, auquel il tenait tant. Le roi Salomon eut besoin de toute son habileté pour conjurer ce dernier malheur. Son premier soin à cet effet fut de contracter des alliances et de s'assurer ainsi des appuis contre les ennemis intérieurs et extérieurs, qu'il avait à combattre[2]. Parmi ces premiers alliés, qui firent cause commune avec les Bretons, on comptait Pépin, roi d'Aquitaine, et Robert le Fort[3]. Il est vrai que la bonne entente avec ce dernier fut d'assez courte durée : mais la chose se comprend sans peine si on réfléchit que les deux alliés se trouvèrent comme forcément divisés d'intérêt, quand l'un d'eux, Robert le Fort eut été investi lors de la diète de Compiègne (861) du titre de gouverneur du pays entre Loire et Seine[4] avec Angers pour centre d'action, car le roi Salomon de son côté prétendait avec justice avoir des droits sur une partie du même pays et sur la ville d'Angers en vertu des conquêtes de Nominoé et d'Erispoé[5]. Le fait antérieur de l'accord des deux capitaines et de l'alliance,

---

[1] *Cartulaire de Redon*, p. 369 et ailleurs.

[2] *Chronique* déjà citée (*dom Bouquet*, t. VII, p. 73).

[3] *Ibid.*, p. 75.

[4] *Ibid.*, p. 77 et plus explicitement, p. 190, d'après les *Annales Metenses*.

[5] Ce qui prouve authentiquement qu'Erispoé possédait bien réellement une partie de la ville d'Angers, c'est qu'il considérait l'abbaye de Saint-Serge comme sa *Chapelle royale*. Sans cette circonstance il n'eut jamais songé à y porter le corps de saint Brieuc. — Par conséquent, lorsque les chroniques anciennes et les diplômes emploient les expressions : *Inter duas aquas, vel usque ad Medanum flumen*, pour circonscrire les possessions des Bretons, il faut admettre qu'il s'agit de la Loire, et de la *Maine-Mayenne*, non de la Sarthe. — C'est ce qui ressort explicitement de ce passage du *Chronicon Briocense* : « Territorium à petra *de Ingrandis* usque ad Meduanæ flumen « et medium pontis urbis Andegavensis solebant possidere jure hereditario « Nominoius, Erispoius et Salomon. » *Preuves de Bretagne*, t. I, p. 33. — Ingrandes se trouve à 34 kilomètres au-dessus d'Angers en allant vers Nantes.

qu'ils contractèrent, n'en est pas moins certain, et il eut pour résultat immédiat d'amener Charles le Chauve à renoncer à tout dessein d'hostilité contre les Bretons. Ce monarque en vint à l'opposite à conclure avec eux un accommodement pacifique[1].

L'accommodement en question ne fut pas, il est vrai, de longue durée. En mai ou juin 859, au témoignage des Pères du concile de Savonières-Toul, les hostilités avaient déjà repris leur cours[2], et durent se prolonger d'une manière plus ou moins continue jusqu'en 863. Ce fut pendant cette reprise d'hostilités entre Francs et Bretons que Charles le Chauve eut l'habileté de détacher Robert le Fort de l'alliance bretonne en le nommant duc ou gouverneur du pays entre Loire-et-Seine (861)[3], et en lui donnant mission spéciale pour empêcher les Bretons de faire de nouvelles conquêtes[4]. Les deux alliés devenus de la sorte ennemis politiques, s'employèrent alors chacun de leur côté à rechercher l'amitié des Normands pour se combattre l'un et l'autre[5]. De là, diverses négociations pacifiques et diverses rencontres armées sur lesquelles nous n'avons que des renseignements assez vagues, mais dans lesquelles cependant l'avantage paraît être resté du côté du roi breton[6]. Celui-ci, plus ami de la paix au fond qu'on ne le croit communément, en donna peu après une preuve bien peu sujette à caution. Il profita de la présence du roi Charles le Chauve à Entrammes près Laval pour venir de lui-même l'y trouver, et lui faire hommage de soumission et de fidélité (863)[7]. En outre, l'année suivante

---

[1] *Chronique* citée, Dom *Bouquet*, t. VII, p. 73. Sans doute l'annaliste se trompe de date en signalant l'année 867 comme étant celle de *cet accommodement*, mais il est dans la vérité lorsqu'il affirme que cette paix suivit de très près la mort du roi Erispoé.

[2] *Dom Bouquet*, t. VII, p. 581.

[3] *Ibidem*, p. 75 et ailleurs.

[4] *Ibidem*, et p. 77, 78.

[5] *Ibidem*, p. 77.

[6] *Ibidem*, t. VII, p. 66.

[7] *Ibidem*, p. 87.

comme le monarque franc assistait en personne aux plaids de Pistes près Louviers, le prince breton lui envoya un tribut de cinquante livres en signe de dépendance[1]. Un tribut si minime nous paraîtrait dérisoire, mais Charles le Chauve sut s'en montrer satisfait. Bien plus, en retour il fit à Salomon une nouvelle cession du pays compris entre la Loire et la Maine-Mayenne *inter duas aquas*[2]. Ce qui nous explique pourquoi Salomon put alors s'intituler : « *Roi de la Bretagne et d'une partie notable de la Gaule*[3]. » Qu'arriva-t-il ensuite ? Ne vit-on aucune nouvelle hostilité se produire entre Francs et Bretons du vivant du roi Salomon ? Aucun nouveau fait de guerre relatif aux années 864-873 n'est de fait arrivé à notre connaissance : mais néanmoins dans la lettre des Pères du troisième concile de Soissons (octobre 866), au pape saint Nicolas, le roi breton est accusé de refuser à Charles le Chauve le tribut annuel qu'il lui payait d'habitude[4]. De plus, Charles le Chauve annonçait lui-même l'intention d'envahir de nouveau la Bretagne lorsque le prince breton se décida (mai 867) à entrer en nouveaux pourparlers, et chargea de cette négociation son propre gendre, Pasqueten, comte de Vannes[5]. Or, Charles le Chauve, que la mort récente de Robert le Fort avait privé d'un puissant appui dans ses guerres, désirait vivement de son côté faire la paix avec la Bretagne, pour concentrer toutes ses forces contre les Normands. En conséquence, il exigea bien, comme il était juste, que le roi Breton lui fit hommage et s'engageât à lui demeurer inviolablement fidèle, lui et ses successeurs. Mais, une fois ce serment prêté, il ne songea plus qu'à se montrer généreux, en gratifiant son puissant vassal du Cotentin et de l'Avranchin[6]. C'était

---

[1] *Dom Bouquet*, p. 80.
[2] Nous avons expliqué plus haut ce qu'il faut entendre par ces *duas aquas*.
[3] Princeps Britanniæ et magnæ partis Galliarum. — *Cart. de Redon*, p. 189 et ailleurs.
[4] Voir cette lettre dans *dom Bouquet*, t. VII, p. 587.
[5] *Chronique officielle* déjà citée (année 867. — *Dom Bouquet*, t. VII, p. 96.
[6] *Ibidem*. L'analiste ne mentionne que le Cotentin, mais le biographe de Saint-Laumer (Mabillon, *Acta SS. O.-S.-B.* t. VI, p. 159, y ajoute l'Avranchin

agrandir notablement les possessions de Salomon, et si bien les arrondir qu'à dater de ce moment ces possessions avaient en quelque sorte pour limites réelles au nord et à l'ouest la mer, au sud et à l'est la Loire et la Maine-Mayenne (*inter duas aquas*). Aussi le roi breton fut-il sensible à ce procédé, et ne tarda pas à donner des gages peu trompeurs de sa reconnaissance. C'est qu'en effet, au mois d'août de l'année suivante, 868, le monarque franc ayant réuni à Pistes les plaids généraux du royaume pour se concerter avec ses conseillers sur les moyens de réprimer l'insolence des Normands qui campaient en ce moment sur la Loire, après s'être emparé d'Orléans¹, le roi de Bretagne lui fit dire qu'il ne prît pas la peine de marcher en personne contre de pareils ennemis, car lui et ses Bretons se chargeaient de les repousser et de leur reprendre la ville d'Orléans. Salomon ne demandait pour cela que d'être appuyé par un détachement de l'armée franque². Cette demande fut naturellement accueillie avec grande faveur, et Charles le Chauve donna à son fils Carloman et au comte Engelran le commandement des troupes qu'il voulait mettre à la disposition du roi des Bretons³. Or, celui-ci appuyé de la sorte réussit à reprendre Orléans et à imposer aux Normands des conditions de paix acceptables⁴. Il n'eut pas cependant alors la bonne fortune de les chasser de la ville d'Angers, qui était leur principal boulevard. Mais il ne devait pas terminer ses jours sans revenir à la charge, à cet égard.

§ 4. — **Le roi Salomon et ses victoires sur les Normands.**

Le roi de Bretagne, Salomon, fut en ses jours, nous l'avons déjà dit, le marteau des Normands, il remporta sur eux des

et manifestement il s'agit de la même donation : car sans l'Avranchin il y aurait eu solution de continuité entre le Cotentin et les autres possessions du roi Breton.

¹ *Chronique déjà citée. Dom Bouquet*, t. VII, p. 99.
² *Ibidem*, p. 101.
³ *Ibidem*.
⁴ *Ibidem*.

victoires signalées et finalement il les obligea à vider le territoire breton ; mais il n'obtint ce dernier résultat, il faut l'avouer, qu'au bout de dix ou quinze années de lutte, et à la suite de certaines alternatives de revers et de succès. Au début de son règne, en effet, on l'a déjà vu, les Normands étaient redoutés et puissants en Bretagne. Par suite le roi breton dut se contenter pendant plusieurs années de les tenir en respect pour les empêcher d'étendre leurs ravages. Parfois aussi il dut rechercher leur alliance dans la crainte qu'ils ne s'unissent contre lui à Robert le Fort ou aux autres alliés de Charles le Chauve. De même, dans une autre occasion, où il avait en face de lui le célèbre Hastings, il préféra lui livrer un léger tribut de 500 vaches plutôt que de courir par bravade les chances d'une lutte en champ clos avec risque de perdre dans une seule journée le fruit de plusieurs années de labeurs et de fatigues[1]. Dans une autre occasion (septembre 869), il offrit semblablement des propositions de paix aux Normands, qu'il avait devant lui, afin de laisser aux habitants de l'Anjou le temps et la facilité de faire leurs vendanges[2]. En un mot, sa situation put demeurer si longtemps précaire, qu'en juillet 870, le roi Salomon, qui songeait à faire le pèlerinage de Rome pour accomplir un vœu déjà ancien, dut surseoir à ce dessein ; les membres de son conseil ou plutôt tout son peuple ne voulant y consentir à aucun prix, et affirmant que les abandonner en pareille occurrence équivaudrait à les livrer comme une proie sans défense aux Normands[3].

Toutefois, ce qui paraît prouver qu'il y avait bien réellement alors plus de sécurité contre les Normands sous le sceptre du roi breton que sous celui de Charles le Chauve, c'est que les moines de Saint-Laumer de Corbon, au pays de Chartres, abandonnèrent vers 870 leur monastère avec le

---

[1] *Dom Bouquet*, t. vii, p. 201.
[2] *Ibidem*, p. 107 et 131.
[3] *Cart. de Redon*, p. 61 et 199.

corps de leur Père pour venir chercher un refuge à *Patriciacus* dans les environs d'Avranches, où ils avaient le roi breton pour souverain immédiat et pour défenseur tandis qu'au lendemain de la mort de ce prince, ils ne virent rien de mieux à faire que de reprendre leur course vagabonde, et vinrent fixer définitivement leur tente à Blois[1].

Le clergé de Bayeux n'en avait pas agi autrement quelques années précédemment s'il faut en croire une tradition, qui paraît assez digne de foi[2]. D'après cette tradition en effet, les Normands ayant envahi le Bessin ou pays de Bayeux vers 860 ou 863 et y mettant tout à feu et à sang, les gardiens du corps de saint Exupère le premier évêque du pays ne virent rien de mieux à faire pour le sauver de la profanation que de le porter à Rennes, afin de le placer au moins momentanément sous la protection du roi Salomon[3].

Ce précieux trésor n'est pas resté, il est vrai, à la Bretagne, il fut porté plus tard à Corbeil, mais ce ne fut qu'après la mort de Salomon, et si celui-ci eut vécu plus longtemps, le trésor dont il s'agit, aurait pu nous être conservé. On le voit donc : si nous sommes assez mal renseignés dans le détail sur les luttes, que le roi breton soutint contre les Normands, on a lieu de croire cependant qu'il leur infligea plus d'une défaite.

Reste en outre un dernier fait de guerre un peu mieux connu, et qui constitue une éclatante victoire pour Salomon. Il s'agit du siège d'Angers,

Voici comment les choses se passèrent d'après les chroniques contemporaines, les plus capables d'inspirer confiance.

Au commencement de l'année 873 Charles le Chauve résolut de ne rien négliger pour expulser les Normands de la ville

---

[1] *Acta SS. O. S. B.* t. VI, p. 259.
[2] *Acta SS. Bollandian,* t. IX oct. p. 663, n° 13.
[3] La chapelle stationale de saint Exupère de Rennes (aujourd'hui détruite) et la localité actuelle (autrefois prieuré) de Gahard près Fougères, qui a pour patron saint Exupère (non celui de Toulouse, comme on le croit par erreur) nous sert de garants du fait de cette translation.

d'Angers, dont ils s'étaient emparés en 866 après la mort de Robert le Fort et qu'ils ne voulaient abandonner à aucun prix. Le monarque franc réunit à cet effet une armée formidable sous les murs de la capitale de l'Anjou[1] Salomon de Bretagne y figurait au premier rang avec son fils Wigon, qui eut l'honneur de comparaître devant Charles le Chauve et fut admis à prêter serment de fidélité[2]. Le siège commença; mais les Normands et leurs vaisseaux étaient si bien gardés par leurs retranchements, ou plutôt la largeur et la profondeur de la rivière rendaient un abordage si difficile que ces terribles ennemis se croyaient en mesure de défier toute attaque. Pour comble de malheur la maladie se mit à sévir dans le camp des Francs[3]. Bref ceux-ci allaient se voir réduits à la nécessité humiliante de renoncer à leur entreprise sans l'énergie indomptable des Bretons et surtout sans l'habileté de leur roi. C'est celui-ci en effet, qui eut l'idée de recourir pour triompher de la résistance des ennemis à un expédient, dont on trouve bien peu d'exemples dans les annales militaires, tant il entraîne après lui de difficultés. Cet expédient ne consistait rien moins qu'à détourner le cours d'une rivière large de près de 200 mètres (la Maine) pour lui creuser un nouveau lit. Ce travail gigantesque, que l'antiquité aurait comparé aux travaux d'Hercule, fut accompli en quelques semaines malgré les obstacles, que les Normands ne purent manquer d'y apporter. Il eut pour résultat immédiat de mettre à sec toute la flotte normande et de lui fermer toute issue pour la fuite[4]. On pouvait dès lors attaquer les ennemis à visage découvert, les combattre corps à corps et les exterminer jusqu'au dernier s'ils refusaient de faire leur soumission entière et absolue. C'est ce qu'eut voulu Salomon à tout prix afin de mettre

---

[1] *Chronique officielle* déjà cité, année 873, Hincmar de Reims en est le rédacteur de 861 à 882 *Dom Bouquet*, t. VII, p. 117. — *Pertz*, lieu cité — *Patrologie latine*, t. 125, col. 1302-1303.

[2] *Idem, ibidem*.

[3] *Ibidem*, 300.

[4] *Ibidem*.

par là les Normands dans l'impossibilité de nuire à l'avenir et de recommencer leurs dévastations. Mais ceux-ci de leur côté n'eurent rien de plus pressé que d'entrer aussitôt en pourparlers avec Charles le Chauve, et d'en venir du premier coup non seulement à promettre de vider le territoire franc, mais même à promettre des sommes d'argent considérables. C'est grâce à cela que Charles le Chauve leur permit d'abandonner sans être inquiété Angers et le royaume[1]. Le prince franc commit là une faute que ses descendants payèrent au centuple : son devoir était manifestement de ne faire aucune concession à cet égard sans savoir préalablement ce qu'en pensait celui, qui avait porté le poids principal de la guerre et réduit les ennemis à cette extrémité.

Telle fut la fin en grande partie avortée d'un siège, qui aurait dû se conclure par l'extermination des Normands, afin de préserver de la sorte l'Église et le peuple chrétien d'un déluge incalculable de maux. Pour le roi Salomon, il y avait toujours conquis une gloire immortelle et la réputation du plus grand homme de guerre de son époque. Ajoutons que Charles le Chauve tint de son côté, au dire d'un anonyme qu'on a lieu de croire bien informé, à donner un témoignage public et durable de sa gratitude pour le service, qui venait de lui être rendu par le roi des Bretons. En effet il se serait engagé d'après cet auteur non seulement à maintenir Salomon[2] et ses successeurs dans la paisible possession du

---

[1] Hincmar de Reims, l'annaliste officiel de Charles le Chauve, a eu grand soin de passer sous silence cette circonstance du siège d'Angers. Mais Reginon, qui était contemporain, un anonyme de Saint-Serge d'Angers, mieux placé que personne pour être bien informé, et d'autres encore sont formels à cet égard.

Voir le texte authentique de Réginon dans *Pertz*, t. I, reproduit dans la *Patrologie latine*, t. 132, p. 106.

L'Anonyme de Saint-Serge d'Angers. — *Dom Bouquet*, t. VII, p. 57.

[2] Salomon ad obsidionem Andegavensem in auxilium Carolo venit. Hujus rei gratia Carolus Salomoni regi Britonum habere pemsit circulum aureum et purpuram, et archiepiscopalem sedem et proprium numisma, et insuper omnia Regi convenientia et non solum illi verum etiam successoribus suis deinceps habenda permisit. *Anonyme du Mont Saint-Michel* découvert par

titre et des insignes de la royauté, mais même à ne plus s'opposer à ce que les évêques de Dol fussent désormais appelés archevêques et jouissent sans conteste de l'autorité métropolitaine.

L'authenticité d'une assertion aussi importante ressort à nos yeux au moins indirectement du texte même du capitulaire de 877 déjà allégué : car il eut été peu conséquent en bonne logique d'accorder existence légale à un royaume, qui embrassait la Bretagne continentale toute entière avec portions considérables de l'Anjou, du Maine et de la Normandie, et cependant de lui refuser le moindre titre archiépiscopal[1]. Nous reviendrons plus bas sur la question des droits de Dol au titre métropolitain, mais il eut été fâcheux de ne pas signaler ici même la concession du roi Carlovingien.

La ville d'Angers de son côté tint à honneur de conserver à perpétuité le souvenir d'un fait de guerre aussi mémorable que celui sur lequel nous venons d'appeler l'attention, en imposant le nom significatif de *Faubourg de la Reculée* aux habitations et aux rues, qui avoisinaient l'immense canal creusé par les bretons pour servir de second lit à la Maine[2].

Mais revenons à la biographie du héros du siège d'Angers. Salomon dut rentrer en Bretagne vers la fin du mois d'août de l'année 873 pendant que Charles le Chauve se dirigeait par le Mans vers Evreux et Pistes afin de célébrer dans cette dernière ville les plaids généraux du royaume[3]. ǁ Le retour du prince breton dans son royaume après un si brillant exploit répandit si bien l'effroi, ce semble parmi les Normands, qu'ils s'éloignèrent alors tout à fait du pays et n'en occupèrent plus

---

Sirmond.—V. *dom Bouquet*, t. vii, p. 703 note 6. Il n'est même pas prouvé que les successeurs de Charles le Chauve n'aient pas reconnu implicitement en plusieurs circonstances les droits de Dol au titre archiépiscopal. — Le *Cartulaire de saint Magloire* en offre quelques exemples.

[1] Voir ce Capitulaire. — Dom *Bouquet*, t. vii, p. 703 n° 23.

[2] Voir les historiens d'Angers, et en particulier Pierre de la Tuillerie et plus récemment M. Port dans son *Dictionnaire historique de Maine-et-Loire*. — *Verbo Angers*.

[3] *Chronique officielle* déjà citée. — Dom *Bouquet*, t. vii, p. 201.

aucune partie[1]. La paix et la tranquillité étant de la sorte pleinement rendues à la Bretagne, le roi annonça alors l'intention formelle d'abdiquer en faveur de son second fils Wigon ou Albigeon. C'était le seul fils qui lui restait. Nous ignorons quand et comment était mort le fils aîné Rivalon. Mais sur ces entrefaites une conspiration se forma contre le père et le fils, et ne réussit que trop bien à les faire périr l'un et l'autre (juin 874). Toutefois avant d'aborder ce douloureux sujet, il nous faut encore appeler l'attention sur deux côtés au moins de la vie de saint Salomon que nous avons à peine effleurée jusqu'ici celui : des fondations religieuses qu'il réalisa et celui des efforts qu'il tenta non sans succès pour rendre la paix aux Églises de Bretagne troublées par un commencement de schisme. C'est ce dernier point, qui va nous occuper en premier lieu.

§ 5. — **Salomon et les troubles de l'Eglise de Bretagne.**

1° Rétablissement des Evêques déposés.

Une double question religieuse agita et troubla l'Eglise de Bretagne du vivant du roi Salomon, celle du rétablissement des évêques illégitimement déposés par Nominoé en 848, et celle des droits de Dol au titre métropolitain. Nous allons rechercher ici ce que fit Salomon pour résoudre l'une et l'autre et comment il y déploya autant de zèle et de fermeté que de prudence et de sagesse. Quelques mots d'abord sur le rétablissement des évêques déposés.

Nominoé s'était rendu en 848 coupable d'une injustice criante

---

Cette conclusion ressort indirectement de ce texte qui se retrouve à peu près identiquement dans la *Chronique de Nantes* et dans quelques autres. « Audientes Normani mortem Salomonis cœperunt redire per fluvium Ligeris usque urbem Nanneticam omnia devastantes. — *Preuves de Bretagne*, t. I, c. 142 et 287. Car ces ennemis n'auraient pas eu besoin de repasser la Loire après la mort de Salomon s'ils avaient occupé quelque poste en Bretagne du vivant de ce prince.

et d'un abus de pouvoir inexcusable, en déposant sans jugement canonique et de sa propre autorité trois ou quatre évêques, qui étaient accusés de simonie. Aussi les souverains Pontifes Léon IV et Benoît III exigèrent-ils qu'on rétablît les évêques déposés avant de songer à instruire leur procès[1]. Mais ils n'allèrent pas au delà et ne lancèrent ni excommunication, ni interdit sur la Bretagne, comme on se l'imagine parfois. Erispoé, successeur immédiat de Nominoé fit droit dans une certaine mesure à cette exigence en replaçant Actard sur le siège de Nantes[2].

Mais il se borna à cela, ou plutôt il ne fit la chose qu'à moitié : car il en vint à démembrer l'évêché en question pour laisser Guérande et le territoire à l'intrus Gislard et lui créer de la sorte comme un diocèse séparé[3].

Voici donc quel était à cet égard l'état des choses lors de l'avènement de Salomon à la Couronne. La Bretagne ne comptait pas moins de 6 intrus, savoir ledit Gislard, puis Fastcaire, qui occupait le siège de Dol, Courantgène et Félix qui détenaient ceux de Vannes et de Quimper, enfin Warnaire ou Garnier et Garurbrius, dont les titres ne sont pas connus avec certitude[4].

Salomon, parvenu à la couronne après Nominoé et Erispoé, n'était manifestement tenu à remédier à de si grands maux, qu'autant que cela pouvait se faire sans entraîner de trouble et de bouleversement. Aussi nous n'acceptons qu'avec réserve les reproches et les accusations, dont il fut l'objet à ce sujet de la part des évêques francs, qui étaient présents au double

---

[1] *Preuves de Bretagne*, t. I, col. 316 et 317. Nous n'avons plus les lettres de ces deux Pontifes : mais saint Nicolas nous en présente un résumé fidèle dans sa première lettre au roi Salomon : c'est celle-ci qui nous sert de guide (lieu cité).

[2] Hincmar de Reims : Epistola xxxi, n° 11.

[3] V. la *Chronique de Nantes*. — *Preuves de Bretagne*, t. I, c. 110 et 285.

[4] La lettre des Pères du Concile de Toul tenu en août 859 (*Bouquet*, t. VII, p. 583) ne désigne nommément que Fastcaire, Garnier, Garurbrius et Félix : mais il est certain cependant qu'à cette date Gislard et Courantgenus, bien qu'intrus, occupaient encore leurs sièges.

Concile de Toul en août 859 et de Soissons en octobre 866[1]. Le témoignage quelque peu suspect de ces évêques, juges et parties à certains égards dans le débat, se trouve d'ailleurs considérablement infirmé, pour ne pas dire autre chose, par le témoignage et les assertions en partie contradictoires des souverains Pontifes Nicolas I et Adrien II. L'un et l'autre en effet, écrivant au roi des Bretons, au sujet de l'état des affaires de la religion dans son royaume, se plaisent à louer au lieu de blâmer, et ne tarissent pour ainsi dire pas en éloges sur la piété et la sagesse du *nouveau Salomon*[2]. Ils l'exhortent sans doute à travailler sans relâche au rétablissement des évêques déposés, mais ils se gardent de l'y obliger sous menace d'excommunication, comme le voulaient les évêques francs. Ils ne supposent nullement qu'il ait manqué à aucun de ses devoirs en ne réalisant pas plus tôt ce rétablissement. Salomon y réussit de fait dans une certaine mesure et deux des évêques, dont il s'agit, furent replacés dans le courant de l'année 866[3].

Suzanne de Vannes et Salocon de Dol restaient seuls à cette date non rétablis et condamnés à l'exil[4]. Ce fut précisément en leur faveur que les Pères du Concile de Soissons élevèrent la voix au mois d'octobre 866 dans une lettre collective qu'ils adressèrent au pape saint Nicolas Ier. Actard, évêque de Nantes fut chargé de la porter à Rome et d'obtenir une sentence de condamnation contre Salomon[5]. Seulement le porteur de cette missive s'arrêta longtemps en route, et n'arriva à Rome qu'en novembre 867, et au lendemain de la mort du Pape, qu'on avait en vue.

Ce fut le successeur de saint Nicolas, Adrien II, qui répondit en son lieu et place (mars 868). Or dans sa réponse et plutôt dans ses réponses : car ces réponses furent multiples et

---

[1] On en trouvera la trace dans leurs lettres. — *Dom Bouquet*, t. vii, p. 513 et 587.

[2] *Preuves de Bretagne*, t. i, p. 317, 318, 320, 321.

[3] Lettre des Pères de Soissons. — *Dom Bouquet*, t. vii p. 587.

[4] *Même lettre*.

[5] *Ibidem*.

eurent pour destinataires les Pères mêmes du Concile de Soissons, notre roi Salomon, l'archevêque de Tours et d'autres encore[1]. Or dans ces réponses, pouvons-nous affirmer, le chef de l'Eglise laisse entièrement dans l'ombre la question des évêques bretons, qu'il eût été à propos de rétablir, il ne dit pas un mot d'où l'on puisse inférer que le roi de Bretagne ait manqué en cela en quoi que ce soit à ses devoirs de prince chrétien. Nous n'avons plus, il est vrai, la lettre particulière qui fut adressée en cette circonstance au roi Salomon : mais elle se trouve analysée substantiellement dans celle de l'archevêque de Tours[2], et cela suffit pour nous renseigner sur sa teneur et nous permettre d'être aussi affirmatif que nous le sommes ici. Si quelqu'un cependant nous trouvait exagéré, nous le renverrions en toute confiance au texte d'une seconde lettre du même pontife Adrien II au même roi Salomon. Celle-ci est postérieure, il est vrai, de deux années environ à la précédente : mais l'état des choses n'avait guères changé dans cet intervalle en Bretagne relativement à la question que nous agitons en ce moment. Or le Pontife se plaît à y combler d'éloges sans ombre de restriction le roi breton et ses sujets[3]. Qu'on remarque en particulier le souhait paternel, qui la termine :

« Soyez heureux en Notre-Seigneur Jésus-Christ, habitants de la Bretagne, vous qui êtes si remplis de foi[4]. » Ce langage, il faut l'avouer, n'est pas en plein accord avec celui des évêques du Concile de Soissons, d'après lesquels « les Bretons à cette date n'avaient ni moralité, ni discipline, ni ombre

---

[1] *Voir le Bullaire romain de Coquelines*, ou *la Patrologie latine*, t. 122, p. 1266-1274 qui les reproduit.

[2] *Preuves de Bretagne*, t. i, 324.

[3] *Ibid.*, col. 324 et 325.

[4] Valete in Christo fideles Britanniæ habitatores. *Ibidem.*, col. 325. — Nous reviendrons plus bas sur cette lettre pour en établir l'authenticité non compris cependant le passage relatif à Festinien de Dol, qui constitue une interpolation.

de religion¹. » Mais jusqu'à preuve du contraire nous pensons que c'est le Pontife romain, qui a pour lui la vérité et la justice. Concluons sur ce point.

La conduite, que tint le roi Salomon vis-à-vis des évêques bretons déposés par Nominoé, obtint dans le temps l'approbation du chef de l'Eglise, et cela suffit pour que l'histoire n'ait pas à se préoccuper des accusations, dont le même prince était cependant l'objet à cet égard de son vivant de la part de certains évêques francs plus ou moins inféodés à la politique de Charles le Chauve. Ou plutôt pourquoi ne pas l'affirmer hautement ? Le roi Salomon déploya sous ce rapport un zèle si désintéressé, et une telle intrépidité de courage qu'il hâta par là sa mort, et s'acquit des droits tout particuliers à la couronne du martyre. Ce furent par le fait les évêques intrus, que le prince avait déposés pour obéir au Souverain Pontife, qui jouèrent l'un des premiers rôles dans la conjuration du mois de juin 874, sur laquelle nous aurons bientôt à appeler l'attention².

Venons maintenant à ce qui concerne la question de Dol.

2° La question des droits de Dol au titre métropolitain

Nominoé, nous l'avons déjà dit, était manifestement dans son tort, lorsqu'il déposait des évêques de sa propre autorité et avant tout jugement canonique.

Mais en ce qui concerne Dol et son titre métropolitain, la chose n'est point aussi évidente. Car saint Samson et plusieurs de ses successeurs avaient réellement joui au moins en partie des droits archiépiscopaux.

Nous croyons l'avoir établi solidement dans une autre circonstance, sans laisser ignorer en même temps que ces droits,

---

¹ Unde fit ut nullus sit cultus religionis inter Britones, nullus disciplinæ vigor..... sunt Barbari, feritate unicâ tumidi... nomine tenù Christiani... *Lettres citées*, V. dom *Bouquet*, t. VII, p. 587,

² *Preuves de Bretagne*, t. I, col. 142.

saint Samson les tenait non de Rome, mais de saint Téliau, métropolitain des Bretons insulaires, ou d'une sorte de *droit breton* alors en vigueur, et encore de la ratification qu'y avait apposée l'autorité royale représentée d'un côté par le roi franc Childebert, de l'autre par le roi breton Judual[1].

Il y avait donc là un précédent dont Nominoé et ses conseillers pouvaient légitimement se prévaloir pour rattacher le présent au passé[2]. Seulement par malheur ils s'y prirent mal dans la manière de faire valoir leurs revendications. Au lieu d'implorer de Rome comme une faveur et une grâce la concession d'un titre métropolitain[3], en faisant valoir à la fois l'indépendance politique, dont jouissait alors la Bretagne, et l'existence d'un précédent si digne d'être pris en consiration, ils prétendirent avoir un droit strict et rigoureux à la concession en question : ils affirmèrent, de bonne foi sans doute mais à faux, si nous ne nous trompons, qu'un diplôme pontifical avait été octroyé à saint Samson ou à quelqu'un de ses successeurs[4]. Rien ne fut plus fatal aux Bretons qu'une pareille outrecuidance, car, une fois engagés sur cette voie, ils y persistèrent opiniâtrement et ne s'en écartèrent plus. Or parler et agir de la sorte équivalait, ce nous semble, à fournir des armes contre soi à la partie adverse. C'était inviter indirectement les archevêques de Tours et les rois francs, qui patronnaient leur cause, à mettre juridiquement opposition à toute sentence favorable à Dol puisque l'unique document, sur lequel on s'appuyait, ne fut jamais produit. C'était également condamner à certains égards les Pontifes ro-

[1] V. *Prolégomènes français de la très ancienne Vie latine de saint Samson*, p. xvii-xx (Paris, 1887), Rétaux

[2] Il est possible qu'il y ait eu interruption en 768 dans l'usage de ce droit métropolitain.

[3] En tenant ce langage, nous voulons dire simplement que selon toute apparence aucune sanction écrite n'était venue confirmer les prétentions de Dol : mais il est possible qu'une approbation orale soit intervenue. — De là, les bruits qui ont couru à tort à ce sujet, et qu'on a interprété dans le sens d'une sanction authentiquement promulguée.

[4] *Preuves de Bretagne*, t. I, col. 319-322 et ailleurs.

mains soit à éterniser le débat en ordonnant enquêtes sur enquêtes sans rien conclure, soit à prononcer contre Dol : ce à quoi ils ne se résolurent qu'en 1198 après trois siècles de procès et d'enquêtes.

Quoi qu'il en soit cependant de ce point, ce qu'on ne saurait toujours révoquer en doute, c'est que le roi Salomon, venant encore ici après Nominoé et Erispoé, avait le droit et le devoir de ne rien négliger, pour faire triompher les revendications de Dol[1]. Car il va de soi que, sans une séparation effective et réelle de l'obéissance de Tours au point de vue religieux, il était comme impossible de créer une Bretagne unie et compacte au point de vue politique, et par suite d'assurer le maintien de l'indépendance, dont elle jouissait en ce moment en fait et en droit. Quel malheur seulement que ce roi n'ait pas été plus avisé que ses devanciers ! Quel malheur qu'il n'ait pas renoncé à la chimérique idée de produire un chimérique diplôme pontifical, octroyé à saint Samson par quelqu'un des devanciers immédiats de saint Grégoire le Grand. S'il eut sollicité simplement, nous le répétons, comme une faveur et une grâce la concession pour la Bretagne d'un titre métropolitain saint Nicolas I et Adrien II, qui entouraient à bon droit le prince breton de tant d'estime et de considération, n'auraient pu manquer d'accueillir favorablement une pareille demande. Tout les y conviait : l'étendue au moins relative du royaume breton, la haute vertu du prince, qui présidait en ce moment à ses destinées, les services qu'il avait rendus à la chrétienté dans la lutte contre les Normands.

Mais en s'obstinant à réclamer la chose comme un droit, Salomon mettait le chef de l'Eglise dans la nécessité de se placer, au moins en principe, du côté de Tours. Il le fallait bien pour ménager les susceptibilités de la royauté carlovin-

[1] La légende liturgique du *Propre de Vannes*, de 1875, suppose à tort, croyons-nous, que Salomon en vint vers 870 à renoncer à ces revendications. — Voir à l'*Appendice* ce texte.

gienne et du clergé franc, qui avaient pour eux le droit traditionnel. Les souverains Pontifes n'eurent garde cependant, ici encore, de lancer l'interdit ou l'excommunication sur la Bretagne et son roi, comme l'auraient désiré un certain nombre d'évêques francs[1]. Bien au contraire, ils continuèrent comme leurs prédécesseurs à terminer leurs réponses par maintenir les choses dans le *statu quo* jusqu'à nouvelle information : ce qui équivalait à donner provisoirement raison aux Bretons contre Tours.

Le roi de Bretagne était d'ailleurs personnellement si désireux d'arriver à un accommodement pacifique, qu'en septembre 866 il se prêta à une marque de condescendance, dont on aurait dû lui tenir plus de compte.

Voici le fait : Électran avait bel et bien pris possession, depuis quelques mois au moins, du siège épiscopal de Rennes[2] : mais la chose s'était faite sans l'intervention préalable du métropolitain de Tours. Celui-ci réclama avec force et le roi Salomon crut devoir faire droit à ces réclamations. En conséquence, Electran se rendit à Tours pour y être sacré et institué à nouveau le 29 septembre 866[3].

Quelques semaines plus tard se réunissait le troisième Concile de Soissons, dont nous avons déjà parlé. Les évêques francs, qui y siégeaient, avaient-ils eu connaissance du fait d'Electran? Nous l'ignorons. Mais le fait est qu'ils ne songeaient guère à en savoir gré au roi de Bretagne. Bien au contraire, ils y firent entendre contre lui de nouvelles plaintes, ils en vinrent à supplier expressément le pape saint Nicolas d'intervenir plus efficacement que par le passé pour la défense des droits de Tours[4]. Mais Adrien II, qui leur répondit, ainsi qu'il a été également dit, au lieu et place de son

[1] Par exemple ceux du troisième Concile de Soissons.
[2] Nous en avons pour garant un acte du 12 août 866, dans lequel Electran agit déjà comme évêque de Rennes. — V. *Cartulaire de Redon*, p. 42.
[3] *Preuves de Bretagne*, t. I, col. 323.
[4] *Lettre* déjà citée. — Dom Bouquet, t. VII, p. 587.

prédécesseur décédé, garda, sans doute à bon escient, sur ce passage de leur lettre un silence si absolu qu'il équivaut, ce semble, à une désapprobation[1].

Ce qui nous confirme puissamment dans ce sentiment c'est que le même Pontife écrivit à la mêm... te (mars 868) à l'archevêque de Tours en des termes tellement significatifs qu'on ne saurait se méprendre sur leur portée. Nous croyons en conséquence devoir les reproduire textuellement :

« En ce qui concerne ce que nous a dit le vénérable Actard
« des privilèges de votre Église et de votre diocèse, décla-
« rait Adrien II, nous en avons écrit au prince Salomon et
« au peuple des Bretons, et VOTRE SAGESSE verra par l'exem-
« plaire de notre lettre, qui vous sera remis par ledit Actard,
« qu'avec la grâce de Dieu nous ne ferons aucune concession
« *contraire à la raison*, si les Bretons viennent ici même
« nous présenter leur requête[2]. »

De telles paroles, il faut le reconnaître, indiquent bien explicitement que le Pontife romain avait à l'égard du roi Salomon des sentiments quelque peu différents de ceux des évêques francs, puisqu'au lieu de faire des menaces il était disposé à lui concéder tout ce qui se trouverait *conforme à la raison*.

Pour nous de telles dispositions ne nous étonnent nullement de la part du Père spirituel de toute la chrétienté, mais nous comprenons mieux, après les avoir étudiées et y avoir longuement réfléchi, pourquoi deux ou trois années plus tard le même pontife Adrien II adressa au roi des Bretons, qui n'avait rien cédé cependant de ses revendications, la lettre

---

[1] *Patrologie latine*, t. 122, p. 1266.

[2] De his vero, quæ de Ecclesiæ tuæ vel dioceseos privilegiis idem venerabilis Antistes Actardus suggessit, Salomoni duci vel populo Britonum sufficienter descripsimus, quod etiam in exemplari, quod secum dictus Actardus deferet, *Experientia tua* quibit cognoscere, nihilque, quod *contra rationem* postulabunt, si fortasis ad *Nos* aliqui eorum venerint eos à nobis, opitulante Domino, fore penitùs adepturos. — *Ibidem*, col. 1271.

de tout point élogieuse, dont il a été déjà dit un mot[1], pourquoi en preuve de sa singulière estime et de sa haute bienveillance, il gratifia son correspondant royal d'une relique insigne, qui n'était autre que le bras d'un de ses prédécesseurs du IX° siècle, saint Léon III[2] ?

On a, il est vrai, révoqué en doute l'authenticité de cette seconde lettre. Mais ceux qui ont eu cette présomption n'ont été induits à juger si défavorablement le document en question, que faute d'en connaître le vrai texte, celui du double Cartulaire de Redon et de Saint-Melaine de Rennes[3]. Ils s'imaginaient faussement qu'il y était parlé d'une concession de pallium en faveur de Festinien de Dol : mais il n'en était rien. Pour nous, nous avons eu l'avantage de constater qu'un document de cette importance se trouvait bel et bien inséré dans les deux cartulaires mentionnés sans que l'intervention des évêques de Dol eût pu en aucune façon y contribuer puisque Redon et Saint-Melaine de Rennes n'avaient rien de commun avec Dol. Aussi le passage relatif à Festinien n'y figure nullement, il n'y est pas dit un mot de l'évêque de Dol et de son pallium.

Joignez à cela que la lettre du Souverain Pontife n'est qu'une réponse, et une réponse qui correspond trait pour trait à une missive précédente du roi Salmon. On ne pourrait par suite attaquer l'authenticité de la réponse sans attaquer par là même l'authenticité de la lettre royale. Or, l'authenticité de celle-ci a pour garants deux faits publics, aussi certains que la clarté du jour, à savoir la fondation par Sa-

---

[1] *Preuves de Bretagne*, t. I, col. 324 et 325.

[2] *Ibidem*.

[3] V. le *Cartulaire de Redon*, édit. Courson, p. 68, *item*, *Preuves de Bretagne*, t. I, col. 303. — Le Cartulaire de Saint-Melaine de Rennes est encore inédit : mais la lettre du Pape y occupe le folio 109 recto et verso du codex Kedonensis 271. — Bibliothèque publique de Rennes. — Renseignement communiqué avec le texte intégral par le Bibliothécaire M. Vétault. Chose curieuse : le texte interpolé nous vient de Tours et non de Dol. V. *Preuves de Bretagne*, t. I, col. 325.

lomon du prieuré de Saint-Pierre-de-Plélan, et les hommages publics de vénération religieuse, qui étaient rendus dans ce monastère au bras de saint Léon III[1]. Par conséquent, impossible de s'y tromper : la lettre pontificale est pleinement authentique, et, bien qu'elle laisse dans l'ombre le débat relatif à Dol, elle nous est cependant un sûr garant qu'Adrien II donnait implicitement son approbation à la ligne de conduite qu'avait tenue jusques-là le roi Salomon dans cette affaire[2].

Lettre d'Adrien II, texte du manuscrit de Rennes.

Dilectissimo filio suo amantissimo Salomoni, Britanniæ duci, cum omnibus suis fidelibus, Adrianus, nutu Dei Papa, perhennem in Christo salutem.

Sublimitas vestræ potestatis intelligat nos veraciter per inducias septem dierum à Deo postulasse condignum vestra munificentia responsum. Transactis autem diebus, nobis omnibusque Romanis in oracione et jejunio perdurantibus, visum est mihi tribusque meis Cardinalibus, Spiritu sancto revelante, ut de corpore beati Leonis papæ vobis transmitterem, quod grande munus est.

Igitur notum vobis sit, fili carissime, omnibusque Christianis illuc habitantibus, quod nos cum nostrorum auctoritate Brachium supradicti papæ, ad illuminationem et adjutorium et defensionem vestræ regionis karitative dirigimus. Pro certo enim per illum probavimus Deum fecisse multa mirabilia.

Même document, texte du *Cartulaire de Redon.*
L'inscription est la même.

Largitas vestræ potestatis intendat nos veraciter per inducias septem dierum velle orando, jejunando, vobis gratulanter respondere. Transactis autem septem diebus, nobis omnibusque Romanis in oratione et jejunio perdurantibus.

Christianis orsum audientibus quod nos cum nostrorum auctoritate ad defensionem honorificæ vestræ regionis dirigimus. Pro certo enim per illum certissime probavimus.

[1] La chose a été de notoriété publique jusqu'au XVIIe siècle, témoin dom Porcher : *Notice sur Maxent,* p. 67.

[2] Comme le texte de Rennes diffère sur quelques points, sans importance, d'ailleurs, de celui de Redon, le lecteur sera sans doute bien aise de l'avoir sous les yeux. Nous le reproduisons donc d'après la copie de M. Vétault avec les variantes.

Et ut fides vestra magis ac magis in illo accrescat, ipse est sanctissimus Leo, qui per invidiam Romanorum, oculis, linguâque privatus, graciâ Dei operante, mirabiliter fuit restauratus, quatenus septempliciter eisdem oculis clarius videret et eâdem linguâ verbum Dei eloquencius predicaret. Et ideo auctoritas romana in hoc de Deo presumit ut omnes a Ligeris fluvio usque occidentalem plagam quos aut etas, aut sexus aut persona impedit, tribus vicibus reliquias illius in anno frequentant, et inde votum Romam eundi quod voverint, nostro libitu et auctoritate adimpleant[1]. Valete in Christo, fideles Britanniæ habitatores.	Clarius vidit, eloquentius prædicavit... romana prævaluit in hoc ut omnes. ... in anno frequentant. habitatores. Amen.

[1] Ici se placerait l'interpolation relative au Pallium, dont le roi Salomon n'avait dit mot de fait dans sa lettre.

« Pallium quoque quod fratri et coepiscopo nostro Festiniano postulasti cum privilegio suo vestræ dirigimus karitati. »	On ignore quel peut être l'auteur de cette interpolation. Mais, je le répète, elle vient de Tours, non de Dol. — *Preuves de Bretagne*, t. I, p. 325.

Un nouveau pas, et un pas, qui aurait pu décider de l'avenir selon toute apparence sans la mort prématurée du roi Salomon, fut encore fait dans cette voie de la reconnaissance des droits de la Bretagne à posséder un titre métropolitain en 873 lors de la conclusion du siège d'Angers. Nous voulons parler de l'acquiescement déjà signalé, que Charles le Chauve en personne donna alors à cette reconnaissance légale comme gage de sa gratitude pour les services qui venaient de lui être rendus par les Bretons[2]. Du moment, en effet, que la royauté carlovingienne renonçait à continuer son opposition à cet égard, ou plutôt s'engageait implicitement à favoriser, le plus grand obstacle disparaissait, et la cour de Rome n'avait

[2] Voir plus haut le texte de l'*Anonyme du Mont Saint-Michel*, qui est aussi formel qu'on peut le désirer.

plus, ce semble, qu'à faire droit sans aucun retard aux vœux de la Bretagne, de son roi et de son peuple.

Tel était l'état heureux des choses, quand sur ces entrefaites le roi Salomon et son fils tombèrent ensemble sous les coups de perfides assassins. Cette double mort suffit pour tout remettre en suspens, car elle dégagea absolument le roi franc de tous les engagements, qu'il devait avoir contracté et rendit à ses successeurs toute leur ancienne liberté d'action.

Quoiqu'il en soit d'ailleurs de ces engagements et de leur authenticité, ce que nous croyons avoir solidement établi dans les pages, qui précèdent, c'est que la conduite du roi Salomon soit vis à vis de l'archevêque de Tours, soit vis-à-vis des évêques bretons illégitimement déposés ou institués fut constamment celle d'un prince sincèrement religieux, et ne devint jamais l'objet du moindre blâme de la part des Pontifes romains, seuls juges compétents et impartiaux dans la circonstance. Par conséquent l'historien et l'hagiographe ont le droit et le devoir de se tenir en garde contre certaines accusations, qui pèsent à cette occasion sur la mémoire du même prince, ils ont le droit et le devoir de ne pas oublier que si ces accusations paraissent au premier abord avoir pour garant des témoins dignes de foi, ces témoins au fond sont juges et parties dans le double débat, dont il s'agit, ce qui enlève toute valeur à leur témoignage.

Après ces éclaircissements sur une double question religieuse, que la passion et l'esprit de parti ont tant contribué à obscurcir, nous arrivons au chapitre des fondations pieuses de Salomon. Ici par bonheur notre rôle n'aura plus rien de celui du polémiste et de l'apologiste. Il consistera uniquement à mettre mieux en lumière un certain nombre de faits, tous glorieux et consolants, bien que restés pour la plupart ensevelis dans un oubli, qui n'a duré que trop longtemps.

§ 6. — Fondations pieuses de saint Salomon.

Le roi Salomon avait eu le malheur, nous l'avons dit, de recourir à la voie du meurtre pour s'ouvrir un chemin à la couronne de Bretagne. Mais néanmoins c'était un prince foncièrement pieux et religieux. Aussi s'appliqua-t-il au lendemain même de son avènement et pendant tout son règne à racheter cette faute énorme par l'éclat de ses fondations religieuses et par l'abondance de ses largesses envers les pauvres, les églises et les monastères comme aussi par la rigueur de sa pénitence et la ferveur de sa prière, enfin et surtout par un dévouement sans borne aux intérêts de Dieu et de l'Eglise.

Ce dernier objet vient de nous occuper d'une manière spéciale dans les deux paragraphes qui précèdent. Aujourd'hui nous allons faire connaître les fondations pieuses du roi Salomon. Les biographes, qui nous ont précédé, n'ont guère attribué au saint roi que la fondation du monastère de Saint-Maxent de Plélan. Mais en réalité il faut y joindre, comme fondations certaines, celles du double prieuré de saint Pierre de Plélan et de saint Sauveur de Pléchatel, et comme fondation probable la collégiale de saint Aubin de Guérande sans préjudice encore des largesses, dont il combla Redon, Saint-Méen, Paimpont, etc., etc. Entrons sur tout cela dans quelques développements.

1° *Saint-Maxent de Plélan.*

Salomon a raconté lui-même la fondation de ce monastère dans un diplôme de l'année 869, et nous ne saurions mieux faire que de lui laisser la parole. Voici son récit :

« Autrefois, nous dit-il, Plélan était une de nos demeures
« royales[1], mais comme les Normands descendaient jusqu'à

---

[1] D'après une tradition qui a pour fondement un passage obscur du diplôme relatif à Prüm : villa publica sedis nostræ in *Bedul Campo*, la *Motte de Bédée* alors reliée aux voies romaines, aurait été le premier séjour du roi.

« Redon sur leurs barques, et infestaient fréquemment ce
« territoire, le vénérable Convoyon, abbé de Saint-Sauveur,
« vint à diverses reprises nous trouver nous, et notre pieuse
« épouse Gwenreth. Il nous suppliait de lui procurer à lui et
« à ses frères un lieu de refuge contre les Barbares. Or, non
« content d'exaucer ce vœu, en faisant don à cet effet de notre
« propre palais, nous avons encore ordonné qu'on bâtit sur
« cet emplacement et aux frais du trésor public un monas-
« tère qui doit porter notre nom et s'appeler *Monastère de
« Salomon*[1]. »

A part ces dernières paroles qui renfermaient l'expression
d'un vœu, et que le meurtre du roi firent tomber dans l'oubli,
tout ce qui précède est pleinement conforme à la vérité des
faits. On ne saurait nier par exemple que les Normands n'in-
festassent le pays de Redon dans les années 857-864, et que
Convoyon et ses moines ne se vissent dans la nécessité
d'aller chercher ailleurs asile et protection[2]. Il est certain
également que Salomon poussa la générosité jusqu'à laisser
aux fugitifs son propre palais pour leur servir de demeure
provisoire en allant se construire pour lui-même un second
château à quatre ou cinq kilomètres de là dans un lieu appelé
aujourd'hui le *Gué de Plélan*[3]. Mais on ignore au juste com-

---

Plus tard, Salomon choisit *Plélan* pour la capitale de son royaume, et tenta
de créer en cet endroit une localité importante qui aurait englobé non-seu-
lement le Plélan actuel, mais aussi Maxent et peut-être partie de Paimpont.
Car, à cette date des années 851-870, le royaume breton que Nominoë venait
de créer par l'adjonction des pays de Rennes et de Nantes au pays colonisé
par les Bretons insulaires, n'avait pas encore de chef-lieu officiel; la position
centrale de Plélan, les restes des voies romaines qui le sillonnaient, sa proxi-
mité de Rennes et de Nantes qu'il s'agissait de *bretoniser* dans une certaine
mesure, permettent d'affirmer que le choix de Salomon était inspiré par l'esprit de sagesse. Il est probable également que cette localité eut réellement
acquis de l'importance si Salomon eut vécu plus longtemps et transmis son
royaume à ses fils et petits-fils.

[1] *Cartulaire de Redon*, p. 189.
[2] *Cartulaire de Redon*, p. 39, 41.
[3] Voir à ce sujet une Étude (de M. Hippolyte Vatar) très savante et très
bien fournie de Preuves. — Ogée-Marteville, *Dictionnaire de Bretagne*, t. II.
p. 21-23.

bien il fallut d'années pour élever les bâtiments du nouveau monastère, et les mettre en état de recevoir leurs hôtes. La chose était cependant réalisée selon toute apparence en juillet 866, puisque la reine Gwenreth étant venu à mourir sur ces entrefaites à Redon, où Nominoë et Erispoë avaient leurs tombeaux, elle n'y fut pas ensevelie, mais dans le nouveau monastère de Plélan[1], ce que Salomon n'aurait pas fait, ce semble, si les moines n'en eussent pas encore pris possession. De même saint Convoyon choisit lui-même le monastère de Plélan pour la sépulture de son corps lorsque Dieu l'appela à jouir dans son âme des récompenses de l'éternité bienheureuse (28 décembre 868[2]).

Le roi Salomon, après avoir montré tant de générosité et d'empressement à fonder le monastère, dont nous nous occupons, se plut aussi à le doter richement en terres arables, en prairies et vignes, le tout sis en Guer, Bourg-des-Comptes et ailleurs[3]. Les largesses, dont il le favorisa, s'étendirent également aux ornements d'église, aux vases sacrés et à divers autres objets sur lesquels l'art religieux eut à s'exercer. On cite entre autres : 1° Un calice d'or merveilleusement travaillé. Il était enrichi de 313 perles et son poids atteignait 10 l. 1/2[4]. La patène de ce calice était elle aussi en or, et pesait 7 l. 1/2 avec les 145 perles qui l'ornaient[5].

2° Un Evangéliaire orné de 120 perles, et enfermé dans une cassette d'or[6].

3° Une grande croix d'or d'un merveilleux travail et du poids de 23 livres avec 370 perles pour en rehausser l'éclat[7].

4° Une autre croix d'argent plus petite mais ornée de l'image du Sauveur en sculpture[8]).

[1] *Cartulaire de Redon*, édition citée, p. 189.
[2] *Ibidem*, p. 189.
[3] *Ibidem*, p. 41, 65.
[4] *Ibidem*, p. 190.
[5] *Ibidem*.
[6] *Ibidem*.
[7] *Ibidem*.
[8] *Ibidem*, p. 191.

5° Un autel tout or ou argent¹.

6° Trois cloches, qui à cette époque passaient pour être d'une étonnante grandeur². Parmi les vêtements sacerdotaux dont le roi breton fit présent au monastère naissant, nous ne pouvons passer sous silence une chasuble tissée d'or que lui avait envoyée à lui-même le roi Charles le Chauve³, probablement en 864 après l'entrevue de Pistes.

Le roi breton n'eut garde d'oublier dans ses largesses les reliques des saints. Il en pourvut abondamment sa fondation et y joignit le don d'une châsse en pur ivoire indien pour renfermer ces reliques et les mettre à l'abri des injures de l'air⁴. Mais parmi toutes ces reliques, il y en avait une, qui attirait spécialement l'attention, c'était le corps entier de saint Maixent, abbé, l'un des grands thaumaturges du Poitou⁵. Nous n'avons plus le procès-verbal de la translation de ce saint corps du Poitou en Bretagne : mais elle eut lieu sans nul doute sous le règne de Salomon et probablement avant le mois de juin 866⁶. On croit qu'elle fut le prix et le fruit de deux expéditions successives qui conduisirent les Bretons en 858 et 861 jusques au cœur du Poitou et mirent entre leurs mains un butin considérable⁷. C'est ce qui ressort implicitement des diverses assertions, dont le roi Salomon se porte comme le garant personnel tant leur authenticité paraît hors de doute.

« Une première fois, en effet, nous dit-il, on nous rapporta
« du Poitou le riche évangéliaire et le sacramentaire de
« saint-Maixent avec le texte de la vie du même Saint, écrite

---

¹ *Cartulaire de Redon*, édition citée, p. 190.

² *Ibdem*.

³ *Ibidem*. p. 190.

⁴ *Ibidem*.

⁵ *Ibidem*.

⁶ Nous avons en effet une donation du 28 juin 863. Facta Liosoco abba et monachis S. *Maxentii* (*Cartulaire de Redon*, p. 209).

⁷ Post abdicationem et mortem Lotharii (855) terram Caroli Francorum Regis, principibus inter se discordantibus auxilio destitutam Britones invadunt, usque Pictavim omnia devastantes, quos redeuntes Carolus persequens, Britaniam intrat, sed pugna conserta, Franci vincuntur » *Chronicon retus apud Bouquet*, tome VII, p. 199 et p. 267.

« en prose et en vers, ainsi que le livre de la vie du martyr
« saint Léger...... Mais plus tard ce fut bien autre chose,
« nous fûmes mis en possession du corps même de saint
« Maixent, et toute l'Aquitaine fut en deuil à l'occasion d'une
« pareille perte, la Bretagne en retour en tressaillit d'allé-
« gresse[1]. »

Salomon, en confiant ce trésor incomparable à la garde des moines de Plélan, ne paraît pas d'ailleurs avoir songé à rien changer au double nom de *Monastère de Saint-Sauveur* ou de *Monastère de Salomon*, qui lui avait été donné à l'époque de sa fondation[2], comme il a été dit. Ce nom continua à lui être attribué, si nous ne nous trompons, tant que vécut Salomon[3]. Mais il en arriva autrement après la mort du roi. L'éclat des miracles qu'opérait le saint Poitevin, et la piété reconnaissante des fidèles à son égard firent presque aussitôt tomber en désuétude la double appellation, dont il s'agit, pour lui substituer celle de monastère de saint Maixent[4]. De là, par abréviation, le nom de Maxent, qui est resté attaché à la localité elle-même, et qu'elle porte encore aujourd'hui, comme celui de *Maure* a été donné pour un motif analogue à une localité assez voisine, qui n'a d'autre patron que saint Pierre, et portait encore en 866 son nom primitif d'*Anast*[5].

Le roi Salomon ne paraît pas avoir eu l'intention d'ériger le nouveau monastère en abbaye ou de le séparer de celui de Redon. Loin de là, par acte public du mois d'août 868, il avait reconnu aux moines de Redon le droit d'élire librement leur abbé, et reconnu à celui-ci le droit de donner des lois au monastère de Redon, et à tous ceux qui seraient de sa filiation[6]. Et de fait, les cinq premiers abbés de Redon le furent en même

---

[1] *Cartulaire de Redon*, p. 190.
[2] *Ibidem*, p. 189.
[3] *Ibidem*, p. 41 et ailleurs.
[4] *Cartulaire de Redon*, p. 131, 185, 226, actes des années 875 et 876.
[5] *Ibidem*, p. 77, 197, 199.
[6] *Ibidem*, p. 187 et 188.

temps de saint Maixent de Plélan. Mais au commencement
du dixième siècle, en 904, les chartes de Redon nous signalent
un abbé du nom de Haelcobrant, qui était, paraît-il, abbé de
saint Maixent sans l'être en même temps de Redon[1].

Qu'arriva-t-il ensuite ? Le dit monastère de saint Maixent
fut-il mis au pillage par les Normands, qui en profanèrent
tant d'autres en Bretagne de 900 à 930 ? C'est une question,
sur laquelle nous manquons de renseignements. Ce que nous
savons avec certitude c'est que le monastère était rétabli dès
920, mais à titre de prieuré dépendant de Redon, non à titre
d'abbaye[2]. En outre quelques années plus tard, les Poitevins
vinrent réclamer le corps saint, dont les moines étaient si
justement fiers et en obtinrent la restitution[3].

Le prieuré de Maxent continua néanmoins à subsister
jusqu'à la Révolution française. Il formait même encore au
XVI° siècle et à l'époque du protestantisme un fief important
et richement doté : mais en 1562 l'indigne abbé commenda-
taire de Redon, Claude d'Andelot, frère de Coligny, et cal-
viniste comme lui poussa l'audace et l'impiété jusqu'à aliéner
la meilleure partie des biens de son prieuré au profit de ses
parents selon le sang.

2° Prieuré de Saint-Pierre de Plélan[4].

En se dépouillant généreusement de son palais de Plélan
en faveur des moines de Redon et pour la transformation de
ce palais en monastère le roi Salomon ne renonça nullement
pour cela au projet qu'il nourrissait, de faire de cette localité
la capitale de son royaume, il se contenta d'aller se bâtir à
quatre ou cinq kilomètres, plus à l'ouest mais toujours sur le

[1] *Ibidem*, p. 227.
[2] *Ibidem*, p. 228.
[3] *Ibidem*, (p. 228-230).
[4] L'auteur du *Pouillé historique de Rennes*, (t. II, p. 72), a ignoré les origines du prieuré dont il s'agit. Il se contente de constater qu'il fut rendu
à saint Melaine de Rennes en 1122.

territoire appelé alors uniformément *Plélan* un nouveau château autour duquel vinrent se grouper diverses habitations, qui auraient pu former avec le temps la capitale projetée, si le roi Salomon avait vécu plus longtemps, et s'il avait laissé après lui des héritiers de son sang[1]. Mais au bout de quelques années le pieux roi sentit le besoin d'avoir à sa portée un monastère moins éloigné de sa demeure que celui de saint Maixent, un monastère, qui put lui servir comme de chapelle domestique avec facilité d'y assister aux offices de jour et de nuit quand ses occupations lui en laisseraient le loisir. De là la fondation d'un monastère qu'on a longtemps appelé prieuré de saint Pierre et de saint Méen de Plélan. Nous n'avons que bien peu de renseignements sur les origines de ce monastère et sur son histoire : mais sa fondation doit être antérieure au mois de juillet 870, à en juger par la lettre déjà mentionnée du roi Salomon au pape Adrien II. On y lit, en effet, ce passage, que nous citons textuellement :

« Je viens de faire construire un monastère, qui n'a encore
« été consacré en l'honneur d'aucun saint. C'est pourquoi
« nous supplions VOTRE SUBLIMITÉ SANS ÉGALE de nous en-
« voyer les reliques de quelque ami de Dieu authentique-
« ment connu pour ses miracles, afin que nous mettions ledit
« monastère sous son patronage, et qu'il devienne lui-même
« une nouvelle lumière pour le pays[2]. »

---

[1] On en trouve encore quelques vestiges au *Gué de Plélan*. A quelque distance de là il y a aussi un hameau qui porte le nom significatif de *Vieille-Ville*. Voir Ogée-Marteville au mot *Plélan*, t. II, p. 285. Mais il y a lieu de penser qu'avant Salomon *Plélan* ou *Pleilan* n'avait aucune importance et n'était qu'une simple trêve d'*Anast Maur*. C'est ce qui semble affirmé en toutes lettres dans la donation d'*Anoxarett*. Voir *Annales de Bretagne*, t. IX, (janvier 1894), p. 235.

[2] Unum ædificavi monasterium quod in honore alicujus sancti non est adhuc dedicatum... Sublimitatem vestræ dignitatis precamur ut reliquias, quas a vobis et a plurimis jam probatas, auxiliante Deo digne possideatis, et quibus Christo favente nostra insula, melius possit illuminari... dirigatis. — *Cart. de Redon*, p. 67.

Le même texte se trouve dans le *Cartulaire* manuscrit de *saint Melaine de Rennes* déjà cité fol. 103.

Celle lettre fut portée à Rome par l'évêque Jérémie, qui occupait, croit-on, le siège de Quimper, et par l'archidiacre de Vannes, Félix. Nous avons la réponse du souverain Pontife. C'est celle dont il a déjà été question à propos des éloges mérités que le Pape y décerne au roi. Adrien II y rapporte aussi comment il se plut lui en personne, son entourage et les pieux fidèles de Rome à consacrer sept jours au jeûne et à la prière afin d'arriver à connaître la volonté de Dieu. Après quoi le pape se sentit inspiré du ciel et n'hésita plus à remettre aux envoyés royaux le bras de saint Léon III afin qu'ils le portassent de sa part en Bretagne[1]. Or de fait c'est aux religieux du nouveau monastère de Plélan, que Salomon confia la garde de cette précieuse relique en les comblant à cette occasion de nouvelles faveurs[2] ; c'est là qu'elle se conservait encore au douzième et même au seizième siècle comme en font foi le cartulaire de saint Melaine de Rennes et le bréviaire de la même abbaye[3], ainsi que l'usage, où l'on était dans la contrée de recourir à la médiation du même saint Léon dans les calamités publiques[4]. Que faut-il de plus pour pouvoir affirmer avec certitude que la lettre du roi Salomon au pape Adrien II, sur laquelle nous venons de nous appuyer, avait bien réellement en vue le nouveau monastère de Plélan et non une autre fondation ? Le prieuré de Saint-Pierre de Plélan était donc construit antérieurement au mois de juillet

---

[1] Voir plus haut le texte même de la lettre pontificale.

[2] Cùm rex Salomon in isto monasterio de Plelan collocasset sacra pignora... eumdem locum, quoad vixit decentissime coluit et honoribus ampliavit » *Cartulaire de Rennes*, folio cité

[3] Ledit cartulaire fait précéder la double lettre de Salomon et d'Adrien II de ce titre significatif : Quomodo asportatum fuit brachium (le copiste a mis caput) S. Leonis papæ et martyris. — Quant au bréviaire (Paris, 1526) il indique au 25 mai : Festum S. Leonis papæ et martyris. III. sans rien en dire dans le corps même du bréviaire : sans doute parce que la fête était spéciale à Plélan et ne se célébrait ni à Rennes ni dans les autres prieurés dépendants. Le 25 mai n'est pas le jour de saint Léon III, on l'aura choisi probablement à cause de la coïncidence de saint Urbain I, pape et martyr.

[4] *Porcher*. Ouvrage cité, p. 67.

871[1]. Mais il est possible qu'il ne fut pas encore habité. Il est possible même que son fondateur ait été plus ou moins longtemps dans une certaine perplexité pour savoir s'il en ferait une nouvelle dépendance de Saint-Sauveur-de-Redon[2], ou s'il était plus à propos de le soumettre soit à saint Méen de Gaël[3], soit à saint Melaine de Rennes. Le roi finit par prendre ce dernier parti, sans doute dans le but de s'attacher cette cité qui n'était pas *bretonne* avant Nominoé, et ne devait pas cependant tarder à devenir la capitale effective de toute la Bretagne. Nous ne possédons pas à la vérité le diplôme qui consacrait officiellement cette union du prieuré de saint Pierre de Plélan à saint Melaine de Rennes[4], mais le fait lui-même ne saurait être révoqué en doute. La chose ressort avec évidence de l'insertion dans le Cartulaire de cette abbaye de la double lettre du roi Salomon et du pape Adrien II et du titre même sous lequel elles sont réunies[5]. Il ressort avec la même force de l'acte épiscopal, en vertu duquel ledit prieuré, dont les séculiers s'étaient saisis lors des invasions normandes, fut rendu vers 1120 à ses anciens possesseurs, les moines de saint Melaine de Rennes[6] et resta leur propriété jusque en 1791 à titre de prieuré cure avec Treffendel pour église tréviale[7].

Ce prieuré a été de la sorte le point de départ de la fonda-

---

[1] Cette date ressort de ce que le roi Salomon voulut en cette année faire le pèlerinage de Rome. *Cartulaire de Redon*, p. 199.

[2] On le déduit de ce que la lettre royale faisait partie des chartes de Redon. V. *Cartulaire de Redon*, p. 67.

[3] On le conjecture du double nom de saint Pierre et de saint Méen de Plélan qu'il a longtemps porté.

[4] C'est sans doute la perte de ce diplôme, et le caractère vague du souvenir traditionnel, qu'on en avait gardé, qui a donné lieu d'attribuer faussement à un prétendu Salomon II la fondation même de l'abbaye.

[5] Voir plus haut ce titre donné en latin. Il s'agit d'un *vidimus* donné selon toute apparence (v. 1200-1210) par l'abbé Geoffroy, pour authentiquer la relique de saint Léon III. Il portait : Comment fut apporté en Bretagne le bras de saint Léon.

[6] *Preuves de Bretagne*, t. I, col. 544, et le *Cartulaire de saint Melaine* fol. 169.

[7] Voir les anciens pouillés de Bretagne, Appendice du *Cartulaire de Redon*, p. 476, item, *Pouillé de Rennes*, t. II, p. 72 et t. V, p. 156-163, et ailleurs.

tion des paroisses actuelles de Plélan le Grand et de Treffendel : mais du douzième siècle à la fin du dix-huitième siècle on ne sait presque rien de ses annales.

Nous abordons une troisième fondation du roi Salomon aussi certaine que les deux précédentes bien qu'elle n'ait été qu'ébauchée par lui.

3° *Prieuré de Saint-Sauveur de Pléchâtel*[1].

Salomon commença une troisième fondation religieuse, celle du prieuré de Saint-Sauveur de Pléchâtel (*Plebs Castelli*), mais cette localité existait antérieurement comme paroisse et son patron était saint Pierre et non le Sauveur du monde. Elle a fidèlement gardé ce patronage sans prendre celui du monastère comme la chose a eu lieu pour Plélan. Le roi de Bretagne ne songea d'ailleurs à cette fondation que dans les derniers mois de son existence mortelle, dans un moment où Gurvant et Pasquéten s'étaient déjà déclaré ouvertement ses ennemis et cherchaient à lui ôter la vie[2]. L'intention bien arrêtée du prince était d'en faire une dépendance de Saint-Maxent de Plélan[3]. Il lui fit don à cet effet de la moitié du *plou de Castel*, la seule qui lui appartînt et en transmit selon l'usage, comme gage, une simple motte de gazon par l'entremise de Félix, archidiacre de Vannes[4]. Mais après le meurtre du roi, l'un des coupables, Gurvant, comte de Rennes, ayant eu dans son lot la seconde moitié du *plou de Castel*, s'empressa de s'en dessaisir en faveur des mêmes religieux afin de parfaire la donation précédente[5].

Telles furent les origines du prieuré de Saint-Sauveur de Pléchâtel. On ne connaît rien de la suite de ses annales, sinon

[1] Pléchâtel, canton, arrondissement de Redon (Ille-et-Vilaine).
[2] *Cartulaire de Redon*, p. 194.
[3] *Ibidem*.
[4] *Ibidem*.
[5] *Ibidem*, p. 195.

qu'il a subsisté jusqu'en 1789 : mais il relevait alors uniquement et depuis longtemps de l'abbaye de Redon et non du prieuré de Maxent.

4° Collégiale de Saint-Aubin de Guérande.

On a encore attribué au roi Salomon la fondation de la collégiale de Saint-Aubin de Guérande. Mais ici les preuves directes d'authenticité font défaut, et l'assertion paraît même au premier abord assez peu vraisemblable vu qu'à cette date, surtout en Bretagne, les fondations religieuses étaient exclusivement monastiques. Toutefois, il faut l'affirmer aussi à l'encontre de cette prétendue invraisemblance, la collégiale en question existait de fait en 857 et n'avait nul besoin d'un nouveau diplôme dûment libellé pour devenir une réalité. Voici comment la chose s'explique. Le lecteur sait déjà par ce qui a été dit plus haut que l'évêque de Nantes, Actard, avait été déposé par Nominoé en 848, et qu'il fut remplacé par un intrus. Celui-ci, nommé Gislard occupa le siège de saint Clair de 848 à 852. Erispoé, fils et successeur de Nominoé crut alors devoir faire droit dans une certaine mesure aux réclamations de Rome en rétablissant l'évêque de Nantes sur son siège. Seulement pour dédommager ce Gislard, il imagina de démembrer le diocèse et d'en détacher le territoire de Guérande pour le laisser à l'intrus. Il arriva de la sorte que l'église principale de Guérande, celle de Saint-Aubin, devint la cathédrale de Gislard. Celui-ci y fit *validement* des ordinations, au témoignage assurément irrécusable du pape saint Nicolas[1]. Il dut semblablement y réunir un collège de chanoines pour célébrer l'office divin : car à cette date il n'y avait pas de cathédrale sans qu'un collège de chanoines n'y fut annexé. On se demande dès lors pourquoi le roi Salomon, qui au début prit la défense de Gislard[2] n'aurait pas maintenu à cet égard

---

[1] *Preuves de Bretagne*, t. I, col. 317.
[2] *Ibidem.*

l'état de choses antérieur lorsqu'il finit par contraindre Gislard à renoncer à toute fonction épiscopale[1]. On se demande quel intérêt Salomon pouvait avoir à supprimer le collège des chanoines dont il s'agit. De plus, si cette suppression avait eu lieu de fait, comment s'expliquer le rang à part, les privilèges et le titre de fondation royale dont le chapitre de Guérande était en possession dès le quinzième siècle[2], c'est-à-dire à une époque, où aucun roi de France n'avait pu s'immiscer dans sa fondation, puisque Guérande n'avait jamais appartenu jusque-là à la France. Joignez à cela que si ce titre de fondation royale n'eut pas reposé sur l'antiquité, il n'eut pas été maintenu, comme il le fût[3], par la *Réformation* de 1668, qui en supprima tant d'autres du même genre.

Appuyé sur ces motifs, nous n'hésitons pas à penser que la collégiale de Guérande a eu réellement pour fondateur Erispoé ou Salomon, ce qui est tout un dans la circonstance : car les deux princes ont dû concourir l'un après l'autre à la même œuvre.

Nous arrivons maintenant aux églises et monastères, que le roi Salomon a simplement comblés des marques de sa libéralité sans en être cependant le fondateur.

§ 7. — Munificence du roi Salomon envers les églises et monastères.

1° *Monastères sis en Bretagne.*

En tête des monastères de Bretagne, dont la fondation remonte plus haut que 857, mais que le roi Salomon n'en combla pas moins de ses largesses avec une munificence vraiment royale, il faut compter l'abbaye de Saint-Sauveur de

---

[1] C'est Hincmar de Reims qui nous apprend cette particularité (*Epistol*. 31, n° XI, *Patrologie latine*, t. 126, p. 218) en attribuant faussement à Charles Le Chauve, l'honneur d'avoir déposé l'intrus.

[2] Archives départementales de la Loire-Inférieure, E, 129.

[3] M. Stéphane de la Nicollière-Teijeiro, *Histoire de N.-D. de Nantes*, p. 57.

Redon. A vrai dire même, les donations qui avaient pour objet Saint-Maixent de Plélan et Saint-Sauveur de Pléchâtel, étaient faites indirectement à l'abbaye de Redon, puisque ces deux prieurés n'en étaient que des dépendances.

Mais le généreux donateur n'en resta pas là, il se plut à faire à l'abbaye-mère beaucoup d'autres libéralités, en terres et vignes, en objets précieux ou artistiques[1]. Nous n'entrerons cependant à cet égard dans aucun détail pour ne pas fatiguer le lecteur par des redites sans importance.

La double abbaye de Saint-Méen et de Paimpont qui avaient eu pour fondateur ou pour insigne bienfaiteur saint Judicaël, l'un des prédécesseurs de notre roi breton, et qui étaient dans le voisinage immédiat de Plélan, eurent également tant de part aux libéralités de Salomon, qu'il passait avant 1789, pour en être comme le second fondateur[2]. Seulement c'est tout ce que nous pouvons en dire, la tradition ne nous ayant rien appris dans le détail sur ces largesses.

De même encore le pieux monarque ne put manquer d'étendre sa munificence aux églises cathédrales de son royaume ainsi qu'aux hôpitaux[3] et à diverses églises paroissiales dans une mesure plus ou moins analogue à celle qui lui servait de règle pour les monastères. La chose va de soi, ce semble. Toutefois nous devons constater à cet égard le silence absolu des documents contemporains.

Le vertueux prince signala semblablement son zèle et sa piété, en réprimant avec fermeté l'audace et l'insolence des seigneurs locaux, qui témoignaient parfois de leur hostilité envers les églises et les monastères du pays, en en confisquant les biens, en tenant leurs privilèges pour non avenus.

---

[1] *Cartulaire de Redon*, p. 39, 60, etc., 207, 873, etc.

[2] Lobineau, *Vies des Saints de Bretagne*, p. 143. *Pouillé de Rennes*, t. II, p. 676.

[3] Les hôpitaux étaient-ils nombreux à cette date en Bretagne ? Nous ne le savons pas d'une manière explicite. Mais néanmoins le *Cartulaire de Redon* ne nous laisse pas ignorer qu'au neuvième siècle des localités de seconde ou troisième importance, comme Guérande en étaient déjà pourvues. — *Cartulaire de Redon*, p. 181 et 182.

Ainsi en agit-il en particulier vis-à-vis des mactierns de Bains, de Cléguérec et d'Ambon ou Plaz.

Le premier, qui s'appelait Ratfrid ou Rayfreid, avait profité des troubles dont la mort d'Erispoé fut accompagnée, pour venir à Redon à la tête de ses vassaux et menacer saint Convoyon en personne de brûler son monastère et de le mettre au pillage, si on ne lui rendait les domaines de Sixt et de Bains[1], dont ses parents l'avaient dépossédé en les donnant à ladite abbaye de Redon. Or, lorsque Salomon eut été informé de la chose, et qu'il vit son autorité suffisamment affermie, il obligea Rayfreid à venir le trouver à Colrui en Plélan, où il habitait alors, et le condamna bel et bien à une restitution intégrale[2].

Le tiern de Cléguérec, du nom d'Alfrit ou Alfred, avait réalisé son usurpation sacrilège du vivant même de Nominoé, en s'emparant du petit monastère de *Sent-Ducocan*[3] et en reculant plus que de raison les limites d'une de ses propriétés, qui touchait à celles de saint Convoyon[4]. Mais ce seigneur était si puissant que pendant bien des années il jouit en paix du fruit de ses rapines. Saint Convoyon, en effet, eut beau demander justice, d'abord auprès de Nominoé, puis auprès d'Erispoé, il n'obtint rien. Son premier successeur, Ritcand, ne fut pas plus heureux auprès de Salomon en personne[5]. Mais Liosic, son second successeur, ne perdit pas pour cela courage. Bien au contraire, il revint à la charge, et agit si efficacement auprès du roi, comme auprès du coupable, qu'il amena celui-ci à récipiscence. Salomon se transporta alors en personne sur les lieux pour faire autoritativement la délimi-

---

[1] Le texte du *Cartulaire* porte *Bain* et non *Bains* comme on écrit aujourd'hui pour le distinguer de *Bain-de-Bretagne* : mais en y regardant de près on reconnaît qu'il s'agit de *Bains*.

[2] *Cartulaire de Redon*, p. 79 et 80.

[3] S'agit il d'un saint du nom de *Ducocan*, ou simplement d'un hameau appelé *Sent-Ducocan* ? c'est ce que nous ignorons.

[4] *Cartulaire de Redon*, p. 199.

[5] *Ibidem*, p. 198.

tation des propriétés (juillet 872), qui avaient donné lieu au litige[1]. Prigent d'Ambon avait imité le tiern de Cléguérec en incorporant à ses domaines certaines terres dont le roi Erispoé avait disposé en faveur des moines de Redon, mais il n'attendit pas aussi longtemps pour venir à récipiscence. Il prévint plus tôt le roi, et restitua de bon cœur ce qu'il avait usurpé par injustice (mai 869)[2] sans attendre que le roi Salomon l'y contraignit par la force.

Eglises et monastères sis hors de Bretagne.

En ce qui concerne les églises et les monastères situés hors de Bretagne, qui eurent une part plus ou moins grande aux libéralités du roi breton, nous n'avons, on le comprend sans peine, à la distance où nous sommes du IXe siècle que des renseignements incomplets et insuffisants. Nous serons donc bref sur ce chapitre.

L'Église Romaine en premier lieu fut loin d'être oubliée. Ecoutons le prince énumérer lui-même ce qu'il appelle par humilité les petits présents (munuscula) que sa pauvreté offrit dans une seule circonstance, celle du mois de juillet 871. La situation politique et militaire du pays breton ne lui permettant pas de faire en personne le *pèlerinage des saints Lieux de Rome*, comme il y était tenu, il voulut donner quelque chose en compensation[3]. Ce sont :

1° Une statue d'or de son poids et de sa taille.

---

[1] *Ibidem*, p. 198 et 199.

[2] *Ibidem*, p. 193.

[3] « Romam vovimus ire sed nolunt nostri populi... et ideo... precor ALMI-
« POTESTLE VESTRÆ dignitatem ut hæc munuscula placido ac sereno vultu
« dignetur aspicere : hoc est.

1° Statuam auream nostræ magnitudinis tam in altitudine quam in latitudine.

2° Mulum cum sella et fræno et chamo valentem per omnia 300 solidos;

3° Coronam auream lapillis adornatam pretiosis 900 solidos valentem

4° 30 Camsilas (Casulas).

5° 30 laneas drapas variis coloribus intertinctas.

6° Cum 30 cervinis pellibus.

7° Item 60 paria pedulium ad opus domesticorum vestri fidelium.

8° Et 300 solidos denariorum (aureorum).

Cartulaire de Redon, p. 57.

2° Un cheval avec ses harnais, le tout d'une valeur de 300 sous d'or.

3° Une couronne également d'or, et enrichie de pierres précieuses, valeur 900 sous d'or.

4° Trente chasubles (*Camsilas*, lisez *Casulas*.

5° Autant de chappes avec galons de couleur.

6° Trente peaux de cerfs.

7° Soixante paires de chaussures pour les familiers de la cour pontificale.

8° Enfin soixante sous de deniers d'or.

On le voit facilement, quoi qu'en dise le prince, ces offrandes n'ont rien de commun avec les deux deniers de la pauvre veuve de l'évangile.

Nous ajouterons que des dons analogues furent sans doute envoyés au pape saint Nicolas, lors de son avènement (avril 858) et en d'autres occasions, mais les documents, qui nous renseigneraient à cet égard, ne sont point jusqu'à présent arrivés à notre connaissance.

En second lieu, les religieux de l'abbaye de Saint-Laumer de Corbon ne purent manquer non plus d'avoir part aux mêmes libéralités, à l'époque où ils vinrent chercher abri et protection sous le sceptre du roi breton, ainsi qu'il a été dit plus haut.

L'abbaye de Prüm au diocèse de Trèves dut semblablement avoir part aux mêmes largesses. Nous en avons pour gage indirect le diplôme du 7 octobre 860, qui porte la signature de Salomon et de tous les grands de son royaume. En vertu de ce diplôme, qui fut concédé à la prière de l'abbé Ansbaldus, le roi breton prenait sous sa protection ladite abbaye de Saint-Sauveur de Prüm, ses religieux, et les possessions qu'elle avait dans ses états[1]. Ce diplôme, qui fait tant d'honneur à la piété du roi Salomon et témoigne si hautement de la considération dont ce prince jouissait dans tout l'Empire franc, a passé par malheur comme inaperçu aux yeux de

---

[1] *Preuves de Bretagne*, t. I, col. 313.

la plupart des historiens. Il est loin cependant d'avoir été ignoré des annalistes particuliers de l'abbaye de Prüm[1], et Reginon, qui gouverna ce monastère peu après Ansbald, n'aurait pas accordé, ce semble, au roi Salomon et aux événements de son royaume la place d'honneur qu'ils occupent dans sa Chronique[2], s'il n'avait voulu par là témoigner indirectement de sa reconnaissance pour un insigne bienfaiteur. Car les autres chroniques allemandes de cette date sont ordinairement muettes sur l'histoire particulière de la Bretagne continentale.

Tels sont les faits sur lesquels nous avons voulu appeler l'attention pour établir d'un côté avec quel dévouement le roi Salomon servit l'Eglise et y rétablit la paix dans la mesure de ce qui était en son pouvoir ; de l'autre, avec quelle générosité, quelle munificence vraiment royales il fit ses fondations pieuses, et se plut à combler de largesses les églises et les monastères de la Bretagne et des autres pays. On devine dès lors, sans qu'il soit nécessaire d'entrer de nouveau dans les détails, de quel grand esprit de foi il était animé, avec quelle ardeur de piété il vaquait à la prière et aux œuvres de pénitence qui sont le propre de tous les saints, mais principalement de ceux dont les débuts dans la vie ont été attristés par quelque grande faute.

Il nous reste maintenant à raconter comment une conjuration se forma en juin 874 contre un monarque si digne de l'estime et de l'affection de ses sujets, et ne réussit que trop facilement pour le malheur de la Bretagne à ravir au roi Salomon la couronne et la vie.

§ 8. — Martyre du roi Salomon (25 juin 874).

Plusieurs motifs, mais en particulier l'ambition et la soif de vengeance durent contribuer à armer les mains parricides, qui se teignirent du sang du roi Salomon en juin 874. A

---

[1] *Gallia Christiana*, t. XIII, p. 594.
[2] Voir la *Chronique de Reginon*, aux années 866, 874, et ailleurs, *Patrolog. latine*, t. 132, p. 1-175.

la tête des conjurés, en effet, on ne remarquait pas seulement Gurvant, comte de Rennes et Pasquiten, comte de Vannes ce dernier propre gendre du roi, qui n'avaient en cela d'autre but que de se frayer à eux-mêmes le chemin au trône, en égorgeant à la fois celui qui l'occupait et le fils en faveur duquel il venait d'abdiquer. Mais on avait la douleur d'y compter aussi quelques-uns des intrus, qui avaient été dépossédés par le monarque des sièges épiscopaux qu'ils avaient usurpés en 848[1]. Et c'est ce qui nous explique pourquoi la victime de cette conjuration y mérita le titre de martyr puisque son sang fut répandu en haine de la justice. Voici d'ailleurs comment les choses se passèrent. Le roi Salomon, averti à temps des trames sanglantes qui s'ourdissaient contre lui, essaya d'abord d'y échapper en quittant Plélan pour aller chercher refuge dans un petit monastère du Poher assez voisin de la ville actuelle de Landerneau[2]. Mais la haine de ses ennemis le poursuivit jusque-là. Salomon comprit alors qu'il était inutile pour lui de fuir plus loin. Il se rappela l'oracle de nos Livres Saints : « Celui qui aura tué avec le glaive, périra lui-même par le glaive[3]. »

En conséquence bien que malade, il se prépara à recevoir le coup fatal avec le même héroïsme de courage, qu'il avait déployé sur tant de champs de bataille.

Les conjurés arrivés au monastère qu'habitait Salomon le 23 juin, veille de Saint-Jean-Baptiste, eurent soin de poster leurs complices à toutes les avenues pour empêcher Salomon d'échapper à leurs coups par la fuite. Mais ils ne purent cependant réussir à pénétrer dans l'intérieur de la maison, qu'il occupait. Ils l'essayèrent en ce jour à diverses reprises et se virent toujours repoussés comme par une force surnaturelle[4].

[1] *Preuves de Bretagne*, t. 1, col. 112.
[2] Ad *Paucherum* recessit, nous dit Hincmar de Reims. — *Annales* anno 874. — *Bouquet*, t. VII, p. 118 *Patrol. lat.* t. 125, col. 1272.
[3] *Apocalypse*, XIII, 10.
[4] Voir, à l'Appendice, l'ancienne légende latine de saint Salomon, leçon 7e.

Le lendemain, même tentative renouvelée et même insuccès. Mettant alors le comble à la perfidie, ils résolurent de recourir à la fourberie pour arriver jusqu'au prince. Ils ne craignirent pas de lui députer à cet effet un évêque qui avait trempé dans le complot. Celui-ci osa affecter extérieurement des airs de repentir et en vint jusqu'à affirmer hypocritement en s'adressant au roi en personne, que lui et ses complices avaient changé de sentiment et ne songeaient plus à ôter la vie à leurs princes. Il alla plus loin : comme le roi exigeait, avant d'ajouter pleine confiance à de telles affirmations, que le ministre de l'autel lui apporta le corps adorable du Seigneur, l'évêque n'hésita pas à se prêter à cette exigence[1]. Comment dès lors le religieux prince aurait-il pu de son côté montrer de la défiance, et refuser d'admettre au baiser de paix et de réconciliation ceux qui lui faisaient de telles avances ? Il ordonna donc d'introduire les conjurés auprès de sa personne, et se fit porter lui-même à leur rencontre quand on lui annonça leur approche. Or, sa vue, la noblesse de son maintien, la majesté de son regard, en imposèrent si bien aux seigneurs Bretons qu'ils reculèrent d'horreur et n'osèrent consommer leur forfait. Mais les conjurés comptaient quelques Francs dans leurs rangs. Ceux-ci n'eurent pas la même retenue. Ils se ruèrent plus tôt sur le roi comme sur un ennemi mortel[2], lui crevèrent les yeux sans pitié, et enfin le percèrent de tant de coups que l'infortuné prince rendit le dernier soupir dans la nuit qui suivit, et qui était celle du 24 au 25 juin[3].

[1] Voir, à l'Appendice, l'ancienne légende de saint Salomon, leçon 8º.

[2] L'annaliste officiel de la cour de Charles-le-Chauve le reconnaît en toute franchise. (Voir plus bas ses paroles).

[3] Salomon, dux Britonum qui nuntiabatur interea dubiis nunciis, quando quidem firmus, quando quidem infirmus, quando quidem mortuus, certa relatione Carolo apud Compendium (juillet 874) nunciatus est, hoc ordine mortuus. Videlicet insecutus a primoribus Britonum Pascuétan, Wurnahat (Lege. Gurvand) atque Wigon filio Rivilin necnon et Francis hominibus, quos valde afflixerat et capto atque custodiis mancipato filio ejus Wigon fugâ lapsus in Paucheram (Le Poher) secessit, et quoddam monasterium ingressus, ut se liberare valeret, circumdatus à suis quod a nemine Britonum quidquam mali sustinere deberet, traditus est Francis hominibus, Fulcsaldo (Foucaud ?)

Les meurtriers n'eurent garde d'épargner Wigon ou Albigeon l'unique fils, qui restât au roi Salomon, l'aîné Rivallon étant mort précédemment à une date inconnue. D'après l'annaliste de la cour de Charles le Chauve, les conjurés s'étaient saisis de Wigon, avant même que son père eût cherché un refuge dans le Poher¹, et le tenaient dans une étroite prison. Ses geôliers le percèrent d'un coup mortel, quant ils surent que le père avait cessé de vivre, et son corps fut porté à Saint-Sauveur de Redon pour y recevoir une sépulture digne de lui². Quant à Salomon lui-même, il avait choisi on l'a vu, pour sa propre sépulture le monastère de Saint-Maxent de Plélan afin d'y reposer auprès de la reine Winbrit, son épouse qui l'avait devancé de huit années dans la tombe³. Ses dernières volontés furent religieusement respectées à cet égard et le corps meurtri du roi fut enterré avec honneur dans le même lieu que saint Convoyon. Nous en avons un témoignage peu suspect ou plutôt absolument irrécusable. C'est celui de Gurvant, un des chefs de la conjuration qui avait ravi à la Bretagne son père et son défenseur. Une année s'était à peine écoulée depuis la mort de Salomon que ce seigneur venait prier devant cette tombe et implorer le pardon de son crime⁴.

Il est probable cependant qu'on laissa quelque portion des saints ossements dans le lieu même où le prince avait rendu son âme à Dieu. S'il en eut été autrement, on s'expliquerait difficilement comment cette localité a pu longtemps après les invasions normandes et jusqu'en 1702 exposer et proposer à

et aliis. Sicque ab eis excecatus in crastinum mortuus est repertus. » (*Annales Hincmari*, anno 87. — *Patr. lat.*, t. 25, col. 1272).

Ce récit diffère en quelques détails de celui de la légende latine de saint Salomon : mais on ne saurait nier qu'il y a accord entre l'un et l'autre, quant à la substance des faits. Aussi nous ne nous arrêterons pas à prouver que la légende liturgique a droit d'être préférée.

¹ Capto atque custodia mancipato filio ejus Wigon, porte le texte que nous venons de reproduire.
² *Cartulaire de Redon*, p. 450.
³ *Ibidem*, p. 190.
⁴ Causa orationis venit ad monasterium S. Salvatoris situm in Plebelan, ubi et Salomon supradictus jacet corpore. *Ibidem*, p. 193.

la vénération des fidèles une portion plus ou moins notable des reliques de saint Salomon[1]. Pour le prieuré de Maxent, il se vit dans l'obligation au dixième siècle de transporter hors de Bretagne le corps vénéré du même Salomon pour le sauver de la destruction ou de la profanation et ne put jamais plus tard rentrer en possession de ce trésor. Ceci nous amène à parler du culte rendu au roi martyr Salomon, et ce sera par là que nous conclurons cette étude à la fois historique et hagiographique.

§. 9 — Culte de saint Salomon en Bretagne et à Pithiviers (Loiret).

État ancien et état actuel.

On a vu par ce qui précède que notre roi breton avait été en toute vérité de son vivant le Salomon du neuvième siècle, comme s'exprimait saint Nicolas[2].

On a vu, comment dans un court espace de seize ou dix-sept années de règne, il avait réussi au point de vue religieux à étouffer les germes de discorde et de schisme, que ses prédécesseurs avaient semés, pendant qu'au point de vue politique il comprimait ses ennemis intérieurs et extérieurs, et étendait notablement les limites de son petit royaume. Il était juste que le souvenir de tant de bienfaits et d'une si haute vertu ne se perdît en aucune manière. Il était juste qu'il se transmît de génération en génération et jusqu'à la postérité la plus reculée.

C'est aussi ce qui est arrivé grâce sans nul doute d'un côté aux prodiges surnaturels qui éclatèrent dans les lieux, où Salomon avait reçu le coup mortel, et semblablement

---

[1] L'église de la Martyre possède encore aujourd'hui un reliquaire en argent dit de saint Salomon. Il est vide actuellement, mais il n'en était pas de même avant 1789, le nom qui lui est resté nous en est un sur garant.

[2] *Preuves de Bretagne*, I, col. 316.

auprès de la tombe du roi martyr¹, et, de l'autre, aux honneurs du culte religieux que l'Église, seule juge en pareille matière, se plut à décerner au même prince au lendemain du martyre de juin 874.

Nous croyons pouvoir être absolument affirmatif à cet égard en dépit du silence des documents contemporains. Car si le roi martyr n'avait opéré aucun prodige à son tombeau, le peuple fidèle lui-même ne l'aurait entouré non plus d'aucun hommage de piété, et les évêques d'autre part auraient d'autant moins songé à sanctionner autoritativement ce commencement de culte privé, que l'autorité civile se trouvait alors aux mains des ennemis mêmes du prince décédé. Cependant, si les évêques n'en avaient pas agi de la sorte, si de 875 à 900 ils n'avaient donné ni encouragement, ni sanction aux hommages de piété, dont le roi martyr devenait alors l'objet, le nom et la mémoire de Salomon seraient comme nécessairement tombés dans l'oubli, et personne n'aurait songé à lui au commencement du dixième siècle, lorsque les Normands envahirent la Bretagne et y promenèrent le fer et le feu pendant plusieurs années. Il va de soi, en particulier que personne à cette date ne se fut employé à sauver de la profanation les restes mortels du roi Salomon, comme personne de fait ne songea alors à exposer sa vie pour conserver à la Bretagne les cendres d'Erispoë et de Nominoé. Si donc on en agit autrement à l'égard du roi Salomon, si son corps fut alors entouré en Bretagne des mêmes marques d'honneur et de vénération qu'on se plaisait à prodiguer aux corps de saint Samson et des autres principaux thaumaturge du pays, s'il fut transporté comme ceux-ci hors de Bretagne, c'est qu'il était également depuis un temps plus ou moins long l'objet de la même vénération populaire. Par conséquent, la certitude du transport des restes mortels de saint Salomon, de Plélan à Pithiviers dans l'Orléanais², à l'époque des inva-

---

¹ La légende liturgique, qui nous a été conservée en abrégé seulement, n'en dit rien, parce qu'elle passe sous silence la sépulture même du saint roi.
² Pithiviers (Loiret); chef-lieu d'arrondissement.

sions normandes, nous autorise à affirmer avec une entière assurance que le roi martyr avait joui précédemment de la puissance miraculeuse et des honneurs du culte. C'est d'ailleurs tout ce qu'on peut en dire : car le récit de cette translation n'est point arrivé jusqu'à nous, si tant est qu'il ait jamais été mis par écrit. Selon toute apparence cependant cette translation coïncida avec celles de saint Patern de Vannes et de Saint-Gildas de Rhuys ; elle appartient comme elles aux années 905-920. Les saintes reliques de ces trois thaumaturges durent faire ensemble une halte dans la cité d'Orléans, avant d'arriver partie à Issoudun et Déols en Berry, partie à Pithiviers en Beauce — Pithiviers, qui s'appelait alors *Pluviers*, n'était à cette date, qu'une localité sans grande importance, et faisait partie de l'apanage de la très ancienne famille de Broyes en Brie[1]. Or, cette famille fit un moment cause commune avec les premiers Capétiens lors de leur avènement à la couronne de France et ceux-ci l'en récompensèrent en préposant au gouvernement d'Orléans Raynaud ou Rainard, seigneurs de Pithiviers ou Pluviers[2]. On s'explique dès lors sans peine pourquoi ceux qui avaient la garde du corps de saint Salomon se résolurent à confier leur trésor au même seigneur de Pluviers, et pourquoi d'autre part celui-ci en enrichit ses propres domaines, et s'empressa d'élever une sorte d'église vicariale en l'honneur et sous le vocable de saint Salomon. La date absolument précise de cette érection n'est pas connue, mais on peut la fixer sans crainte d'erreur, au plus tard, aux dernières années du dixième siècle, puisque saint Grégoire, évêque de Nicopolis en Arménie, qui vint vers 1010 passer ses derniers jours à l'ombre de ce sanctuaire fut enterré dans l'église même de saint Salomon[3]. Or c'est autour de cette église que s'est formée la ville actuelle de Pithiviers,

---

[1] *Anselme*, t. II, p. 338, en donne la généalogie.

[2] Voir la généalogie de cette famille de Pluviers dans le *Dictionnaire historique de Moréry* — au mot Pluviers.

[3] *Acta SS.* t. II de mars (11 du mois), p. 451 et suiv. Bibliotheca Cluniacensis, p. 529 et 1707. Pignot, *Histoire de Cluny*, t. II, p. 273.

c'est saint Salomon qu'elle continue à honorer comme son premier patron[1]. Elle n'en possède plus que le chef, mais c'est bien quelque chose après tant de siècles écoulés[2].

On le voit donc : le fait de la translation des reliques de saint Salomon à Pithiviers, qui priva la Bretagne d'un trésor si précieux, eut néanmoins pour effet de donner une nouvelle notoriété au culte du saint roi, et devient pour nous un garant indirect, il est vrai, mais irrécusable de l'existence antérieure de ce culte en Bretagne. La très haute antiquité de ce culte ainsi dûment constatée, nous allons maintenant consigner ici les quelques renseignements que nous avons recueillis à son sujet à travers les âges.

Et d'abord il faut encore le dire en toute assurance, ce culte se maintint fidèlement à Maxent et à Plélan en dépit du transfert du saint corps. Nous en avons pour garant l'existence d'une *chapelle de saint Salomon, capella sancti Salomonis*, attenante au monastère même de Maxent, avec chapelain particulier chargé de la desservir[3]. Cette chapelle était encore debout en 1144[4] : mais nous n'avons à son sujet aucun renseignement postérieur.

De même la localité, qui avait été le théâtre du martyre de Salomon[5], et qui retint, nous l'avons dit, quelque portion du saint corps lors de son transfert à Maxent, conservait si chèrement la mémoire du religieux prince qu'une église ne tarda pas à y être érigée en son honneur. Était-ce avant ou après les dévastations normandes? C'est ce que nous ignorons. Mais la tradition nous apprend toujours qu'on tint à placer l'autel majeur à l'endroit même où Salomon avait reçu le coup mortel[6], afin que cet autel put être appelé

---

[1] Saint Grégoire n'est que le second patron.
[2] Lettre de M. l'abbé Chabot, curé de Pithiviers, septembre 1893.
[3] *Cartulaire de Redon*, p. 316.
[4] *Ibidem*.
[5] Martyre (La), canton de Ploudiry arrondissement de Brest (Finistère).
[6] V. Cyrille Le Pennec, carme. Liste des chapelles du Léon dédiées à la sainte Vierge. Morlaix, 1647 (réédité par Kerdanet dans la *Vie des Saints*, p. 583).

en toute vérité la CONFESSION de saint Salomon. De là sans doute le nom significatif de MERZER-SALAUN (*Martyre de Salomon*) qui a été donné à la localité elle-même et qu'elle porte encore de nos jours chez les *Bretons bretonnants*. Ce nom, il est vrai, a été quelque peu altéré en passant dans les deux langues latine et française[1].

Il est vrai encore que depuis 20 ou 30 ans peut-être on ne fait plus aucune mention de saint Salomon dans les prières et les chants de la fête patronale[2]. Mais néanmoins, il faut l'affirmer sans hésiter, le titulaire primitif de cette église était bel et bien saint Salomon, roi et martyr. Ce qui l'établit authentiquement c'est que la statue du saint en habits royaux et le poignard dans le cœur continue à occuper comme par le passé la place d'honneur au côté de l'Evangile, c'est que le vitrail correspondant, qui est le principal de l'église, représente le couronnement même du roi Salomon.

L'*Ordo* diocésain continue d'ailleurs à désigner comme unique patron légitime de la paroisse, saint Salomon roi et martyr[3].

Ce n'est pas tout encore, nous pouvons signaler plus d'une autre localité, où le culte du même saint s'est introduit de bonne heure, bien qu'à une date inconnue ou s'est fidèlement maintenu en partie jusqu'à nos jours, en partie seulement jusqu'en 1789, ce sont : 1° Plouyé dans les environs de Carhaix[4]. Cette paroisse possède sur son territoire une chapelle dédiée à saint Salomon et tout proche de cet oratoire se voit une sorte de pierre creusée, qu'on appelle vulgairement « l'auge de saint Salomon. » On y honore le saint comme protecteur spécial de la race chevaline. Aussi a-t-on grand soin, à 10

---

[1] On dit en latin : *B. Maria du Marzer*, au moins depuis 1563. v. *Preuves de Bretagne*, p. 1, col. 1562. En français : *La Martyre*, depuis 1500 au moins. V. Archives départementales de la Loire-Inférieure, E, 129, etc.

[2] Nous avons eu le regret de l'apprendre de la bouche même des prêtres, qui desservent cette église (visite de mai 1876).

[3] Voir la liste des patrons paroissiaux, qui fait suite à l'*Ordo* annuel de Quimper.

[4] Plouyé, canton d'Huelgoat, arrondissement de Châteaulin (Finistère).

lieues à la ronde, d'y conduire tous les chevaux de la contrée le 25 juin, jour du pardon annuel, « et si on manque à cet « acte de piété, les chevaux y vont d'eux-mêmes sans qu'on « puisse les en empêcher, » affirmait devant nous, en mai 1870, le maire d'une paroisse limitrophe, celle de Collorec.

D'ailleurs, à la Martyre aussi, le roi Salomon n'est pas seulement honoré comme titulaire de l'église, mais bien également comme protecteur particulier de la race chevaline. C'est pour cela que le retour annuel de sa fête et de son pardon a donné lieu de fixer aux premiers jours de juillet une foire aux chevaux, qui se tient au même endroit, se prolonge pendant trois jours et passe pour une des plus importantes de tout le département du Finistère.

2° Landivisiau, chef-lieu de canton du même département ; la statue de saint Salomon se voit au porche de l'église paroissiale.

3° La localité de Langoëlan, au diocèse de Vannes[1], a longtemps honoré, semblablement à l'instar de la Martyre, le roi Salomon comme son patron particulier. Aujourd'hui les choses sont changées, nous ignorons pour quel motif : et le saint est simplement titulaire d'une des chapelles de l'église paroissiale[2]. Mais c'est bien quelque chose.

4° De même, avant 1789, une des églises paroissiales de la ville de Vannes était placée sous le vocable de saint Salomon : église et paroisse ont aujourd'hui disparu : toutefois, l'église cathédrale, qui possédait de temps immémorial des reliques de saint Salomon, les conserve encore avec vénération dans le trésor de la chapelle de Saint-Vincent-Ferrier[3].

5° L'abbaye de Saint-Sauveur de Redon accordait annuellement, au même saint, fête double le 25 juin, à titre (très bien mérité) de *principal bienfaiteur*[4].

---

[1] Langoëlan, canton de Guémené-sur-le-Scorff, arrondissement de Pontivy (Morbihan).
[2] *Semaine religieuse de Vannes*, année 1876, p. 400.
[3] *Ibidem*.
[4] Voir le *Cérémonial* local de cette abbaye, dont plusieurs exemplaires se trouvent aux archives départementales d'Ille-et-Vilaine.— *Fonds de Redon*.

6° Il y a plus, la fête de saint Salomon s'est célébrée annuellement, pendant de longs siècles, dans les deux diocèses de Dol et de Vannes, avec cette différence que le premier l'avait fixée au 8 février, et le second, au 25 juin. — Dol devait bien cette marque de reconnaissance à un prince qui avait si efficacement travaillé pour lui conserver son titre métropolitain. Toutefois, à l'époque de l'introduction en Bretagne des livres liturgiques de saint Pie V, le nom de Salomon fut rayé du calendrier diocésain de Dol. Pour le diocèse de Vannes, il demeura fidèle à ses traditions et maintint, à juste titre, la fête du 25 juin.

7° A Rennes, le nom de Salomon est resté également entouré de vénération pendant de longs siècles. L'ancienne cathédrale de Rennes renfermait une chapelle dédiée aux saints Judicaël et Salomon. Le B. Charles de Blois, auquel fut dû l'achèvement de cette basilique, l'une des merveilles de la Bretagne, avait présidé lui-même à l'érection de cette chapelle[1].

8° Il n'en était pas autrement à Saint-Brieuc, témoin la présence de son nom et de son effigie sur une fresque de la cathédrale aujourd'hui encore conservée et qui doit appartenir au XVI° siècle[2].

9° De même aussi jusqu'au XVI° siècle, la plupart des livres d'Heures Bretons inscrivaient le nom de Salomon dans leurs Litanies et sur leurs Calendriers[3].

10° Il y a plus, les Ménologes Bénédictins d'Arnold Vion, et de Bucelin ont inscrit le nom de notre roi et martyr au 5 novembre sur leurs fastes[4]. Sans doute ces auteurs sont dans

---

[1] Voir l'enquête de canonisation du saint Prince, t. I, pl. 129, 139, 198 et ailleurs

[2] « Saint Salomon est représenté avec la couronne et le manteau royal, le sceptre à la main, son nom est inscrit. » *Anciens évêchés de Bretagne* t. I, p. 128.

[3] Celui qui écrit ces lignes en a rencontré plusieurs de ce genre, entre autres à Saint-Pol-de-Léon, chez M. Pol de Courcy, à Saint-Brieuc, chez M. Raison du Cleusiou.

[4] Menolog. Benedictinum die V° novembris. Nous n'avons pas eu occasion de voir ce que dit à cet égard le P. Lechner, le dernier éditeur de ce ménologe.

l'erreur lorsqu'ils s'imaginent faussement que Salomon est mort à Saint-Méen en Bretagne et après avoir revêtu l'habit monastique. Mais à part ce détail, les résumés biographiques, qu'ils offrent à leurs lecteurs est exact, et ne convient qu'à notre roi breton. Il n'était pas rare non plus autrefois, et c'est par cette remarque que nous concluons ces renseignements sur le culte ancien dont saint Salomon a été l'objet, il n'était pas rare, disons-nous, que le nom de Salomon fut donné au baptême et cela en l'honneur de notre saint roi, non d'un autre personnage, témoin le sceau particulier de Salomon de Kergoanach, archidiacre de Goello, (diocèse de Saint-Brieuc) vers 1430. Le saint patron de l'archidiacre figure en effet, sur ce sceau ; or il y est représenté, revêtu du manteau ducal de Bretagne. Il a de plus des tarières dans les yeux, et sa main gauche porte un sceptre[1]. Or la réunion de ces signes ne permet pas de penser à un autre saint qu'à saint Salomon de Bretagne.

Etat actuel de ce même culte.

Cet ensemble de faits suffit amplement à rendre incontestables l'authenticité et l'antiquité du culte religieux, qui a été décerné autrefois à notre Roi martyr. Les choses ont quelque peu changé depuis 1789, et Salomon n'est plus entouré aujourd'hui d'hommages aussi nombreux et aussi empressés. Mais néanmoins son nom et sa mémoire sont loin d'être ensevelis dans l'oubli, ou plutôt son culte, bien qu'amoindri sous plus d'un rapport persévère toujours, et aucun des caractères, qui en établit la légitimité et la publicité ne lui fait défaut: témoin, 1° la ville de Pithiviers, qui l'honore toujours comme son premier patron, et se glorifie de posséder son chef ou partie de son chef ; témoin, 2° le diocèse de Vannes, où il continue à jouir d'une fête double annuelle le 25 juin ; témoin enfin les trois paroisses de Langoëlan, de Plouyé et de la Martyre, qui

---

[1] Cahier S. J. *Caractéristiques des Saints*, t. I, p. 104.

continuent également à l'honorer annuellement des hommages, dont il vient d'être parlé ; item celles de Maxent et de Landivisiau où il est honoré d'une statue à titre de saint.

APPENDICE : LEGENDA S. SALOMONIS REGIS ET MARTYRIS.

1° *Eclaircissements sur l'antiquité et l'autorité de cette légende.*

On sait que pendant bien des siècles, l'expression *légende* a été synonyme de *vita*, vie d'un saint. La chose est particulièrement vraie pour la Bretagne, témoin le recueil encore *inédit*, connu sous le nom de *Chronicon Briocense*[1]. Les extraits des *Vies des saints* forment en effet, la meilleure partie de cette compilation. Or, elles s'y succèdent constamment sous cette rubrique : *Sequitur legenda* seu *vita* S. Corentini, S. Samsonis, etc.

L'expression était d'ailleurs parfaitement juste : car la plupart de ces vies avaient été rédigées dans le but de fournir des leçons à l'office du saint, dont on s'occupait (*legenda in festo*). Seulement, il importe de le remarquer aussi, à cette date la répartition des leçons de l'office différait notablement de ce qu'elle est aujourd'hui. Avant saint Pie V, le plus souvent les neuf leçons d'une fête avaient toutes trait à la vie du saint qu'on voulait honorer. Puis si le saint jouissait d'une octave tous les jours *infra octavem* avaient trois leçons empruntées à la même *légende* et le jour octaval en avait neuf. De cette manière il fallait que la *légende* en question fut assez détaillée pour fournir 36 leçons.

La légende primitive de saint Salomon avait probablement cette étendue, et doit avoir été composée d'assez bonne heure et sans nul doute avant les années 1010-1040. Ce

---

[1] Cette compilation a reçu ce nom parce qu'elle est l'œuvre d'un chanoine de Saint-Brieuc qui vivait à la fin du quatorzième siècle (1394) D. Morice en a inséré de longs extraits dans son t. I (col. 7-102) des *Preuves de l'histoire de Bretagne*.

qui le prouve authentiquement, c'est que l'auteur anonyme de la *Chronique de Nantes*, qui écrivait à cette même date, lui a fait un certain nombre d'emprunts. Nous les signalerons plus bas. En outre ce qu'il n'importe pas moins de remarquer, c'est qu'en parlant du pape saint Nicolas I, on dit de lui *Papa bonæ memoriæ*. Car ces expressions indiquent, si nous ne nous trompons, que la mort de ce pape était assez récente. Nous avons peine à croire qu'un écrivain du onzième siècle, comme l'anonyme Nantais, s'en fut servi. Joignez à cela que Nicolas Ier, n'avait aucun titre à la reconnaissance particulière de l'église de Nantes et des nantais.

Quoi qu'il en soit cependant à cet égard de l'antiquité plus ou moins reculée de la *Légende primitive* de saint Salomon, ce texte, nous avons le regret de le constater, n'est point arrivé jusqu'à nous dans son intégrité. Celui que nous publions en appendice nous a été fourni par un ancien bréviaire de Vannes antérieur, il est vrai, à l'introduction des livres liturgiques de saint Pie V en Bretagne[1] mais l'église de Vannes n'accordait qu'une fête double à saint Salomon et n'avait besoin que de neuf leçons pour son office. En conséquence le rédacteur s'est contenté d'extraire de la légende primitive, avec plus ou moins de tact, ce qui lui a paru de plus édifiant et de plus instructif pour arriver à ses neuf leçons sans s'occuper beaucoup de la biographie proprement dite de son héros. A quelle époque peut remonter ce travail d'abréviation. Il serait difficile de le dire avec certitude, mais il ne nous paraît guère antérieur aux treizième ou quatorzième siècles.

Texte de la légende de saint Salomon.

1°Gloriosissimi Salomonis consideratis virtutibus, finem corporeum, agone decoratam virili, posteris intimare decrevimus

---

[1] Il s'agit du bréviaire imprimé en 1589. M. l'abbé Louis Chauffier a eu la charité de nous le faire connaître, et de prendre copie des textes à notre intention. Que Dieu et son saint martyr daignent l'en récompenser au centuple!

ut ex consideratione tanti martyris audientium fides materiam sumeret gerendarum¹ (rerum).

2° Constat igitur regiæ dignitatis virum, clarissima Britonum parentela ortum, cui ex debito progeniei jure succedebat², ut ejusdem gentis Rex potentissimus et insignis Procurator haberetur. Quod ex superno omnipotentis nutu accidit eum postmodum debitæ dignitatis culmen sortiri³.

3° Cujus in tempore (ultimo) regiminis tanta tranquillitas pacis habebatur ut eidem, cui præerat, Provinciæ nulla rerum necessariarum deesset copia. Nam secundum veterum (Patrum) sacram institutionem, curam sibi cœlitus commissam strenue agebat. In qua, justæ religionis moderamine, et debito rationis jure utebatur, ut bonorum pater et consolator, malorum quoque fieret justus judex, et sævissimus ultor.

4° At cum virtutum augmento in melius satageret exercere animum, divino repletus spiritu, ex proprio jure decrevit construere monasterium, in quo omnipotentis Dei, sanctorumque ejus mentio coleretur celeberrima : cui et ob majoris reverentiæ cultum, monachorum conventum Deo devotius famulaturum inesse constituit⁴.

5° Sed ne in posterium, rei familiaris urgente inopia, hujus modi decretum aut penitus cessaretur, aut minor fieret servientium devotio, quantum ad præsens et postmodum sufficere putabat famulaturis aliquem funda terræ jure perpetuo habendum distribuit.

6° Cujus rei perfectione congaudens, ac tædio regni affectus,

---

¹ Cet exorde nous donne clairement à entendre que l'auteur de cet écrit se proposait de retracer la mort du saint, non de retracer sa vie. De plus l'auteur est mal informé des fondations pieuses de Salomon puisqu'il ne lui attribue qu'un seul monastère.

² Baudry de Dol l'atteste semblablement dans sa Chronique inédite des évêques de Dol ; nous l'avons dit d'après Le Baud et Gallet. Morice, *Histoire*, t. I, p. 967.

³ Cette leçon se retrouve textuellement dans les *Preuves de Bretagne*, t. I, col. 298.

Ce passage prouve que l'auteur, je le répète, ne connaissait que bien imparfaitement les fondations pieuses de Salomon.

disponensque in futurum orationi ac aliis sanctis occupationibus die ac nocte vacare, convocatis ordinibus, se regni administratione abdicare ac alium, quem vellent, in sui locum subrogare disposuisse notificavit ut omnium voto satisfaceret, et locum solitarium pœnitentiæ gratia intravit¹.

7° Quod videns omnium bonorum inimicus et omnis nequitia adinventor, scilicet virum Dei tanta religionis gratia pollere, nec à sui proposito divelli posse, animos suorum antea fidelium stimulis discordiæ in illum incitavit ita ut omnium sibi famulantium duo tantum episcopi et duo comites suis parerent mandatis² cœteris in illum conspirantibus. — Die autem, quæ festun. S. Joannis Baptistæ immediate præcedit, locum, ubi vir Dei infirmus morabatur, oppugnant sed Deo opitulante, illa vice, re infecta, redierunt.

8° Crastina vero die, monasterium, in quo vir Dei se contulerat, intrare volunt. Sed cum nec vi ingredi possent, pace simulata, quemdam solo nomine episcopum ad illum destinant. Cujus verbis fraudulentis vir sanctus fidem adhibens³ priusquam aditum eis patefaceret, sacramentum corporis Christi per manus dicti episcopi sumpsit, et sic illis obviam se portari fecit. Ingressi autem viri iniqui, oculos sancto Dei eruerunt, et ad terram prostrato tantas injurias intulerunt ut

¹ D'après (Le Baud (cité par *D. Morice* t. 1. (p. 293), qui s'appuyait sans doute sur le texte de la légende intégrale, Salomon aurait désigné lui-même son fils Wigon pour lui succéder.

² Cette tournure de phrase laisse à désirer : *ita ut omnium*, il faudrait ita ut ex omnibus sibi duo tantum episcopi. Mais d'ailleurs le texte primitif de la légende était, ce semble, celui-ci : Sed inimicus humani generis fidelium suorum corda stimulis incitavit discordiæ. Unde fit ut quos sacramentum promissæ fidelitatis copulaverat servituti, nequissimi armaverat versutia fraudatoris, atque ex priore familiarum multitudine, utpote regio debita honori, duo tantum episcopi, totidemque comites, imperialibus ejusdem parebant obsequuus Cæterorum vero mentes ita cogitationis nstabat die noctuque mala impulsio ut locum tempusque exquirerent quibus optata effectui manciparent. Noverant enim eumdem virum sanitatis pene omni destitutum solamine, ita corpore gravari infirmitate ut facilius, desiderata aggredi non cunctarentur », cité dans les *Preuves de Bretagne* d'après les *Chroniques Annales de Nantes*, t. 1. p. 293.

³ Ce résumé est par trop succint et donne à penser que le texte intégral devait entrer en plus de détails.

post modicum spiritum Deo redderet die vigesima quarta mensis junii anno Domini octingentesimo septuagesimo sexto[1].

Mort de saint Salomon, texte des *Chroniques annaux* de Nantes inséré dans le *Chronicon Briocense*, et depuis dans les *Preuves de Bretagne*, t. I, col. 41.

Salomon rex religiosissimus crudeliter ab impiis apud oppidum, quod dicitur Bresta[2], patrantibus quibusdam pseudo-episcopis[3] quos idem Rex juxta bonæ memoriæ Papæ Nicolai insinuationem[4] de suo malo introitu in Ecclesiam tempore Nominoi sui predecessoris, redarguebat, una cum aliquot proceribus Britanniæ[5], effossis oculis, martyribus annumeratur. Unde et locus, in quo occisus est, usque in hoc die MERZER SALAUN, id est, *Martyrium Salomonis* nuncupatur[6].

9° Eadem autem nocte, in loco ubi gloriosus martyr mortem subierat corporalem, tanta chorusci ignis cum sublimitate videbatur claritas ut ab infimis transcenderet ad suprema[7].

---

[1] Cette date est fausse pour l'année comme il a déjà été dit.

[2] *La Martyre* ne se trouve de fait qu'à cinq ou six lieues de Brest, et cette dernière localité avait un intérêt spécial pour les Nantais : car ils venaient d'être mis en possession du corps de saint Hervé (v. l'an 1000), et c'est de Brest que leur était venu ce trésor. C'est ce qui explique pourquoi le chroniqueur la mentionne explicitement.

[3] La légende de Vannes ne parle que d'un seul faux évêque envoyé au roi pour le tromper, mais ici il est question de ceux qui avaient pris part à la conjuration.

[4] Cette expression *bonæ memoriæ Papæ*, nous l'avons fait remarquer plus haut, doit appartenir au biographe primitif de saint Salomon, et à un auteur beaucoup moins éloigné des années 860-870, que ne l'était l'anonyme nantais.

[5] Il faut rejoindre *patrantibus et una cum aliquot proceribus* pour avoir le sens de la phrase.

[6] Cette dernière phrase doit appartenir à l'auteur primitif. Car un Nantais du onzième siècle ne savait pas le breton et n'aurait guère songé à rechercher par lui-même quel nom breton portait le lieu où saint Salomon avait reçu le coup mortel.

[7] Cette première phrase doit appartenir à l'auteur primitif, et celui-ci sans doute entrait alors dans quelques détails sur le transfert du saint corps à Maxent, et sur la sépulture, tandis que le liturgiste vannetais passe tout cela sous silence pour conclure par la phrase « *Unde visum est* » qui signale un fait postérieur de plusieurs années, selon toute apparence, à la mort même du saint roi.

Unde visum est cuidam fidelium divini amoris succenso fervore ad Dei gloriam sanctique martyris recolendam memoriam, et sui sumptus facultate, dignam ecclesiastica religione construere basilicam, ubi postea multis claruit miraculis.

Le *Propre de Vannes* de 1660 et plus récemment celui de 1875 nous offrent un autre texte de légende, imité du précédent, mais bien plus abrégé.

Le rédacteur du *Propre* de 1875 a cru même devoir modifier sur la question de Dol le travail de ses prédécesseurs, évidemment par scrupule de piété. Mais, à notre humble avis ce scrupule était exagéré. Le roi Salomon avait le droit et peut-être le devoir, nous le répétons, de revendiquer les titres de Dol à l'autorité métropolitaine tant que Rome laissait les choses en suspens, et ne portait pas de sentence définitive et sans appel. Or tel était précisément l'état des choses du vivant du roi Salomon, et tel il resta jusqu'en 1198.

Voici le texte auquel nous faisons allusion.

Lectio V• Rebus feliciter transactis, agnitisque apud Britannos Ecclesiæ metropolitanæ Turonensis juribus, ferventiori studio (Salomon) ad regni Dei diffusionem animum intendit rex piissimus, etc.

Vannes. — Imprimerie LAFOLYE, 2, place des Lices.

www.ingramcontent.com/pod-product-compliance
Lightning Source LLC
LaVergne TN
LVHW051512090426
835512LV00010B/2502